品成

阅读经典　品味成长

古罗马帝国的辉煌

THE GRANDEUR OF ANCIENT ROME

第 III 卷　帝国盛衰

赵 林

著

人民邮电出版社

北京

THE GRANDEUR OF ANCIENT ROME

第 I 章

尤利乌斯 – 克劳狄王朝

西方历史学界通常将公元前 27 年屋大维接受"奥古斯都"称号作为共和制与帝制的分界线。屋大维虽然包揽了诸多职权，但是他也像恺撒一样，并未公开称帝，只是拥有了奥古斯都的至高权力，开创了一种不同于共和制的元首制。屋大维去世之后，其养子提必略继承了"奥古斯都"的名号，由此形成了罗马帝国的第一个王朝——尤利乌斯－克劳狄王朝。与帝国的奠基者和开创者恺撒及屋大维相比，尤利乌斯－克劳狄王朝在屋大维以后继任的诸帝皆可谓乏善可陈，甚或荒淫无道。在经历了半个多世纪的传承延续之后，罗马帝国的首个王朝终于在烽烟四起的困境中崩塌。

第 I 节

政制的演化与大位的传承

从元首制到君主制

从政体形式上来看，罗马国家的全部历史可以分为三部曲：第一部是王政，第二部是共和国，第三部则是帝国（内政意义上的）。而罗马帝国时期又可以分为元首制和君主制两部分，大体上是以公元 284 年戴克里先称帝为界。

公元 14 年屋大维寿终正寝，其养子提必略继位，继承了尤利乌斯 – 克劳狄王朝，这个王朝只维系了半个多世纪，于公元 68 年灭亡。在军阀混战的一片乱象中，罗马的军团统帅韦斯巴芗荡平群雄，建立了弗拉维王朝。经过父子三人的相继统治，该王朝延续到公元 96 年戛然而止，一个辉煌的"五贤帝"时代接踵而至。在经历了图拉真的赫赫武功、哈德良的皇皇文治、安东尼·庇护的承平盛世和马可·奥勒留的哲学沉思之后，"五贤帝"

时代至公元 180 年黯然结束，"角斗士"皇帝康茂德再度把罗马帝国引入了内乱和衰败。在罗马人自毁社稷的纷乱之中，狄多女王和汉尼拔的诅咒开始应验——一位出身北非的军阀塞维鲁凭借武力攫取了罗马帝位，建立了塞维鲁王朝。该王朝自始至终都带着一股暴戾和阴谋的血腥气息，无论是塞维鲁本人，还是他的儿子——罗马第一暴君卡拉卡拉，以及躲在幕后暗中操控的后宫佳丽们，都以变态凶残而著称，似乎要以一种变本加厉的方式将迦太基的历史仇恨倾泻到罗马人头上。公元 235 年，塞维鲁王朝的最后一位孱弱无能的皇帝亚历山大和他的强悍母亲一起被近卫军杀死，罗马由此进入了半个世纪之久的"兵营皇帝"内乱时期（"3 世纪的危机"），一时间皇帝如同走马灯一般变换不已，难以计数。一直到公元 284 年，戴克里先再度完成罗马的统一，建立"四帝共治"制度取代了元老院的地位，用东方式的君主制取代了传统的元首制。

自从屋大维对罗马共和政制进行变革更新之后，在三百年的时间里，他所开创的元首政制始终在形式上得以维系。元首制的基本特点就是奥古斯都或元首与元老院相互倚重，彼此制衡，表现为另一种形式的共和制，即元首与元老院之间的共和。在屋大维之后的历代王朝中，虽然奥古斯都统揽大权，但是元老院在罗马政治生活中仍然发挥着重要的作用。元老院与皇帝（奥古斯都）之间维持着一种动态的权力制衡关系，此消彼长，双方的联系也时松时紧，关系或好或坏。有时候皇帝专横跋扈，就打压元老院；有时候皇帝积弱不振或疏于朝政，元老院就会当仁不让地来主宰大局。

但是，戴克里先在攫取了帝位之后，开创了一种全新的"四帝共治"制度，罗马帝国的所有权力都掌握在拥兵自重的四位皇帝（两正两副）手里，元老院则完全被抛置在一边。戴克里先不仅把首都建在小亚细亚的尼科米底亚，而且还广泛地借鉴了东方——埃及、波斯等——的专制君主制度。到了"四帝共治"制度结束之后，这种东方式的君主专制又被重新一统江山的君士坦丁皇帝发扬光大。此后相继建立的君士坦丁王朝、瓦伦提尼安王朝和狄奥多西王朝尽管时有分合，或强或弱，但是在君主专制方面却是一脉相承。到了 4 世纪末叶，君主制政体下的罗马帝国已经病入膏肓，乱象丛生。公元 395 年，狄奥多西皇帝去世之前正式把罗马帝国一分为二，分别赐予他的两个儿子。长子阿卡狄乌斯（Arcadius）统治帝国东部，以君士坦丁堡为首都，即东罗马帝国；幼子霍诺里乌斯（Honorius）统治帝国西部，以罗马为首都，即西罗马帝国。从此以后，这两个罗马帝国就在法理上彻底分道扬镳，各奔东西，罗马帝国再也没有统一过。

帝国分裂之后不久，居住在多瑙河、莱茵河彼岸的日耳曼民族开始大举入侵罗马帝国，首当其冲的西罗马帝国很快就在一支支蛮族部落的瓜分之下土崩瓦解。公元 476 年，西罗马帝国的最后一位皇帝小罗慕路斯被雇佣兵首领奥多维克废黜，西欧从此进入了蛮族王国统治的"黑暗时代"和稍后的封建社会。在日耳曼人的入侵浪潮中幸免于难的东罗马帝国此后又延续了一千年时间，最终在 1453 年被信仰伊斯兰教的土耳其人摧毁。至此，辉煌无比的罗马帝国就从历史舞台上消遁了，留给后世一部令人扼腕而叹的悲壮史诗。

表 1-1 罗马帝国诸王朝

元首制	君主制
尤利乌斯－克劳狄王朝（公元14年—公元68年）	"四帝共治"时期（公元284年—公元307年）
"四帝内乱"时期（公元68年—公元69年）	君士坦丁王朝（公元307年—公元363年）
弗拉维王朝（公元69年—公元96年）	瓦伦提尼安王朝（公元364年—公元379年）
"五贤帝"时期（公元96年—公元180年）	狄奥多西王朝（公元379年—公元395年）
康茂德和内乱时期（公元180年—公元193年）	西罗马帝国（公元395年—公元476年）
塞维鲁王朝（公元193年—公元235年）	东罗马帝国（公元395年—公元1453年）
"3世纪的危机"时期（公元235年—公元284年）	

从公元前 753 年罗慕路斯兄弟创建罗马城开始算起，到西罗马帝国的末代皇帝被废黜，其间历经了一千多年的历史；设若再算至东罗马帝国的灭亡，这段历史则长达两千多年的时间。罗马文明不仅历史悠久，而且覆盖面广，无论是在时间上还是在空间上，其影响力都远远超过了希腊文明。

一部罗马史就如同一部悲喜剧，前半段悲歌慷慨，气势磅礴；后半段则猥琐鄙俗，滑稽丑怪。轰轰烈烈的罗马英雄故事至屋大维当政时基本上告一段落，在后来的帝制时代，可圈可点的也仅有图拉真、哈德良、君士坦丁等人。而这些屈指可数的杰出人物，倘若与罗马共和国时代的诸多英雄相比，也难免相形失色。因此，关于罗马帝国数百年的演变历程，就只需点到为止了。

屋大维与李维娅

作为奥古斯都，屋大维的人生是极其辉煌的；但是作为一个人，屋大维的命运却是悲哀的。屋大维结束了内战，开创了罗马统治下的长期和平，创建了元首政治，把罗马城建造成光芒万丈的世界之都。但是，他在统治过程中却遇到了一个非常棘手的问题，那就是继承人的问题。这个问题使得人到中年以后的屋大维心力交瘁、极尽烦恼。

屋大维一生有过三次婚姻，第一次是在波洛尼亚缔结"后三头同盟"时，为了修复与安东尼的关系，屋大维娶了安东尼的继女克劳狄娅，但是他很快就休掉了这个令人厌恶的女人，甚至从来没有与她同房。第二次是在与安东尼暗中较劲的过程中，为了笼络仍然具有强大实力的塞克斯图斯·庞培，屋大维娶了他的表妹斯克里波尼娅（公元前 40 年）。斯克里波尼娅为屋大维生了一个女儿，即尤利娅，这是屋大维一生中仅有的骨肉。但是两年以后，屋大维闪电般地与年长且凶悍的斯克里波尼娅离婚，并与出生于罗马显贵克劳狄乌斯家族的李维娅·德鲁西拉（Livia Drusilla，公元前 58 年—公元 29 年）缔结了婚姻（李维娅在童年时即被过继给保民官李维·德鲁苏斯）。如果说屋大维的前两次婚姻都是出于政治方面的考虑，那么第三次婚姻却是出于纯粹的爱情——他与兼具美貌、才智和家族影响力的有夫之妇李维娅一见钟情，利用罗马三头的权威迫使李维娅的丈夫——罗马元老提必略·克劳狄乌斯·尼禄休妻，然后与李维娅喜结连理，白头偕老。

李维娅雕像

在罗马共和国的后期，政治联姻现象屡见不鲜，几乎所有的重要政治人物，都缔结过多次政治婚姻；而丧夫或离异而寡居的贵族女子，也很少会像格拉古兄弟之母科尔内利娅那样"浪费资源"，往往要赶紧再嫁权贵人士，从而为政治联姻做出贡献。下面略举当时罗马政治联姻的一些事例为证：

马略娶恺撒姑母尤利娅为妻；

苏拉娶梅特鲁斯之女梅提拉为妻；

卢库鲁斯先后娶克劳狄乌斯之妹和小伽图之妹为妻；

庞培先后娶苏拉之继女伊米莉亚、罗马望族穆西乌斯之女穆西娅、恺撒之女尤利娅和西庇阿之女科尔内利娅（小克拉苏遗孀）为妻；庞培曾想为自己和儿子分别娶小伽图的两个外甥女，却遭到拒绝；

恺撒先后娶秦纳之女科尔内利娅、苏拉外孙女庞培娅和执政官皮索之女卡尔普尼娅为妻；

布鲁图斯娶小伽图之女波西娅为妻，雷必达和卡西乌斯均为布鲁图斯的妹夫；

安东尼先后娶克劳狄乌斯和库里奥的遗孀弗尔维娅、屋大维姐姐屋大维娅、埃及女王克丽奥佩特拉为妻；雷必达与安东尼是儿女亲家；

屋大维先后娶安东尼继女克劳狄娅、庞培家族女系后裔斯克里波尼娅和李维娅为妻；

屋大维之女尤利娅先后嫁给马塞卢斯、阿格里帕和提必略；

李维娅与前夫克劳狄乌斯的长子提必略后来成为屋大维的

养子和继承者，幼子德鲁苏斯和安东尼与屋大维娅之女小安东尼娅结婚，衍生出尤利乌斯－克劳狄王朝的诸帝（卡利古拉、克劳狄乌斯、尼禄）。

恺撒风流倜傥，浪漫多情；屋大维却老成持重，城府极深，对于男女之事一向比较谨慎。虽然坊间也曾流传屋大维的一些风流韵事（特别是古罗马历史学家苏维托尼乌斯对此类事情津津乐道），例如他与梅塞纳斯之妻的私情等，但是这些说法都很难印证。从屋大维终生与李维娅相濡以沫、不离不弃的事实也可以看出，他对李维娅果然是一往情深。李维娅虽然始终未能给屋大维留下一男半女，但是她却颇具妇德，在政治上也能为屋大维分担忧患。尤其是在屋大维的左膀右臂阿格里帕去世、梅塞纳斯淡出政坛之后，李维娅更是成为奥古斯都所倚重的贤内助，并被赋予"奥古斯塔"（Augusta）的称号（"奥古斯塔"后来成为西方皇后的称号）。虽然在关于继承人的问题上李维娅曾与屋大维有过分歧，甚至有传言说屋大维的两个外孙之死都与她有关，但是这些流言蜚语并没有影响屋大维对她的信任。一直到屋大维的生命终末，李维娅都忠实地陪伴在他的身边。在屋大维死后公布的遗嘱中，李维娅及其与前夫克劳狄乌斯所生之子提必略被指定为屋大维的财产主要继承人，提必略作为屋大维养子也顺理成章地成为新的奥古斯都。屋大维去世后，李维娅又活了 15 年，她在继续维系屋大维所开创、提必略所继承的尤利乌斯－克劳狄王朝的政治统治方面功不可没，但是也对提必略的权力多有掣肘，致使后者心灰意懒，隐居海岛。

手持奥古斯都雕像的奥古斯塔

屋大维与尤利娅

与恺撒一样，屋大维一生只有一个女儿——也叫尤利娅（Julia，公元前 39 年—公元 14 年）。尤利娅是屋大维的第二任妻子斯克里波尼娅所生，后来屋大维与李维娅共同生活了五十多年，后者却未曾为他生儿育女。由于没有男性子嗣，屋大维只能把所有的希望都寄托在女儿尤利娅身上，指望通过姻亲关系来延续尤利乌斯家族的血统。屋大维是恺撒姐姐的后裔，又被恺撒指定为养子，名正言顺地沿袭了尤利乌斯家族的血脉。为了维系这一脉古老的高贵血统，屋大维先后为女儿安排了三次婚姻，分别将她嫁给了自己的外甥马塞卢斯、亲密战友阿格里帕，以及李维娅带来的继子提必略，其良苦用心就是为了保证自己的外孙将来能够接续奥古斯都的统治权。

公元前 38 年李维娅与屋大维结婚时，不仅带来了她为前夫克劳狄乌斯所生的一个儿子提必略，而且腹中还怀着前夫的骨血，即后来出生的德鲁苏斯。但是，这两个孩子都与尤利乌斯家族没有血缘关系。尽管德鲁苏斯长大以后娶了屋大维的外甥女——安东尼与屋大维娅的女儿——小安东尼娅为妻，但是从血缘关系来看，外甥女婿毕竟不能与亲外孙相提并论。屋大维在阿格里帕死后也曾把女儿尤利娅再嫁给提必略，但是他们的婚姻并没有产生任何结果。所以，具有强烈血统观念的屋大维虽然也对提必略和德鲁苏斯委以重任（相对而言屋大维更喜爱德鲁苏斯），但是他并没有把李维娅带来的这两个继子作为自己的接班人来考虑。一直到屋大维精心栽培的两个外孙都意外夭折之后，垂暮之年的屋大维才不得不把 45 岁的提必略指定为养子和继承人（此时德鲁苏斯早已意外身亡了）。

尤利娅长相美貌，16 岁时就被屋大维许配给了他的外甥马可·克劳狄乌斯·马塞卢斯（Marcus Claudius Marcellus，公元前43 年—公元前 23 年）。公元前 23 年，屋大维生了一场大病，而且也平定了一场未遂的政变阴谋。他感觉到自己将不久于人世，因此不仅辞去了执政官职务，而且选择了其姐屋大维娅与第一任丈夫克劳狄乌斯所生的雄姿英发的外甥马塞卢斯作为接班人，正如同当年恺撒把自己指定为继承人一样。为了栽培具有尤利乌斯家族血统的接班人，奥古斯都把年仅 20 岁的马塞卢斯提拔为市政官，不久的将来马塞卢斯就可以顺利升迁为罗马执政官；他还把独生女儿尤利娅嫁给了马塞卢斯，从而更加有力地保证了尤利乌斯家族的血胤传承。然而天不假年，风头正盛的马塞卢斯在当年底英年早逝。屋大维在失望之余，急于要为尚未生育即已孀居的尤利娅另寻一门亲事，于是，他的亲密战友阿格里帕就成为新的乘龙快婿。

身体强壮、性情勇猛的阿格里帕自从 18 岁时就被恺撒安排在

马塞卢斯雕像

屋大维身边，长期以来一直为文弱的屋大维执掌军权。事实上，屋大维完全不具备恺撒的军事才能，他精通运筹帷幄，却不擅长战场指挥。屋大维在战争中的军事胜利，几乎全是靠阿格里帕赢得的，诚如外交斡旋主要是靠梅塞纳斯一样。到了和平时代，阿格里帕不仅在政治上成为奥古斯都最为倚重的肱股之臣，而且还全面负责罗马帝国的军事事务和戍边扩张，连年不断地亲率大军征战东方、西班牙和多瑙河沿岸等地。阿格里帕一向对屋大维忠心耿耿，但是在一些国策问题上偶尔也会与屋大维发生分歧。事实上，自从公元前 27 年以后，两人就很少同时出现在罗马城内，而是轮番到帝国各地巡游（屋大维）或征战（阿格里帕）。屋大维试图将马塞卢斯确立为政治继承人之事，就遭到了阿格里帕的反对。像农夫一般朴实的阿格里帕认为此举会破坏共和国的法制（当时的罗马在名义上仍然是共和国），屋大维可以将自己的财产和头衔赐给任何人，却不能把元老院和罗马人民授予他的权力任意转交。李维娅也站在阿格里帕一边，当然她是另有其他考虑（或许是涉及亲子提必略和德鲁苏斯的利益）。阿格里帕与屋大维之间的分歧很快就随着马塞卢斯之死而结束了，现在屋大维需要重新考虑自己与这位重要盟友的关系了。用罗马历史学家卡西乌斯·狄奥（Cassius Dio，公元150年—公元235年）的话来说，"奥古斯都要么接受阿格里帕成为自己的女婿，要么就毁掉他"。屋大维选择了前者，于是马塞卢斯的未亡人尤利娅不久后就嫁给了阿格里帕。阿格里帕此前已经娶了屋大维娅的女儿马塞拉——也是屋大维娅与第一任丈夫所生——为妻，在屋大维的压力下，他只好休掉妻子，于公元前21年与年轻美貌的尤利娅再结伉俪。

尤利娅果然不负父亲的厚望，她与阿格里帕结婚后一共生了五个孩子，其中有三个男孩（包括阿格里帕的遗腹子珀斯图姆斯）。其中长子盖乌斯和次子卢西乌斯成为屋大维心中最合适的政治接班人，他很快就把这两个孩子指定为养子。公元前12年，阿格里帕得病身亡，屋大维更是把两个外孙视为掌上明珠，在军事上历练他们，在政治上为他们铺平道路。公元1年，年仅20岁的盖乌斯·恺撒（Gaius Caesar，公元前20年—公元4年）被元老院选举擢升为罗马执政官（与当年屋大维第一次担任执政官的年龄相仿），并被罗马骑士集团欢呼为"青年元首"；盖乌斯的弟弟卢西乌斯·恺撒（Lucius Caesar，公元前17年—公元2年）也被许诺将于三年后享受同样的殊荣。罗马帝国的两位未来英主如同新星一般绽露光芒。

和平祭坛上的浮雕：阿格里帕（左三）与尤利娅（右三）及其儿子盖乌斯（右四上）、卢西乌斯（右四下）

　　然而，命运的打击再一次降临到极尽荣耀的屋大维头上，他精心培育的这两位年轻继承人不久后就相继撒手人寰——公元 2 年卢西乌斯在前往西班牙的途中病逝，他的哥哥盖乌斯也于两年后夭亡于叙利亚。有一种说法把两个年轻人之死归罪于李维娅的阴谋，但是这种猜疑无法得以证实。在几近绝望的悲哀中，暮气日重的屋大维不得不在公元 4 年指定李维娅带来的继子提必略和阿格里帕的遗腹子珀斯图姆斯为养子。

早在公元前 12 年阿格里帕去世后，屋大维就把再次守寡的尤利娅嫁给了提必略（在罗马，父亲对于儿女的婚姻具有绝对的权威）。虽然他一直不太喜欢李维娅带来的这个"拖油瓶"，但是提必略在军事方面的才能却可圈可点。特别是阿格里帕死后，提必略和其弟德鲁苏斯分别担当起多瑙河防线和莱茵河防线的戍边重任，成为罗马帝国的军事栋梁。屋大维之所以将尤利娅再嫁于提必略，一来是为了满足李维娅的要求，进一步加强尤利乌斯家族与克劳狄乌斯家族的血缘联系；二来则是为了给他心中已经确定的盖乌斯和卢西乌斯的双星主轴增加更多的保险因素（当时这两位外孙仍然健在），通过尤利娅来加强其丈夫与前夫之子之间的关系，笼络颇具军事才能的提必略将来能够像阿格里帕辅助自己那样去辅助尤利乌斯家族的两位新主。然而，此时的尤利娅已经不愿意再逆来顺受地充当父亲的政治联姻工具，提必略也是在屋大维和母亲李维娅的高压下被迫与自己的恩爱妻子、阿格里帕之女维普萨尼娅离婚而另娶尤利娅的，因此夫妻双方从一开始就心存芥蒂，格格不入。由于彼此貌合神离、同床异梦，多产的尤利娅并没有为提必略留下子嗣（两人唯一的孩子诞生后不久就夭折了），提必略也以军务繁忙为由长期不回罗马，从而就给尤利娅的率性胡为提供了便利。

屋大维的女儿尤利娅相貌姣美，却轻佻放荡，早在与阿格里帕结婚期间，就弄出了一些有辱家风的丑闻。特别是她怀孕之时更是为所欲为，她的一句名言就是："只有当货舱装满时乘客才获准登船。"被迫与提必略结婚加剧了尤利娅的报复性淫乱，她成天与一帮纨绔子弟厮混在一起，在罗马广场等公众场合肆意妄为。公元前 2 年，尤利娅与尤鲁斯·安东尼（Iullus Antonius）——他是马可·安东尼与弗尔维娅之子——的通奸事件激怒了屋大维。此事不仅直接挑战了屋大维颁布的道德法令，而且还可能与一桩政治阴谋有关。愤怒的屋大维向元老院递交了一份报告，里面列举了尤利娅及其情人和共犯者的罪恶。前执政官尤鲁斯·安东尼被处死，另外 4 名帮凶（均为罗马政要）遭到贬谪，尤利娅则被流放到一座海岛上，临行前收到了屋大维以提必略的名义发来的离婚声明。英国历史学家塞姆在《罗马革命》中对此事评论道：

> "尤利娅通过明目张胆的和偷偷摸摸的寻欢作乐玷污了罗马广场和那里的讲坛；而她的父亲——元首奥古斯都从前正是在那里颁布整顿罗马道德风气的法律的。……
>
> "奥古斯都这一做法的目的肯定是政治性的；对尤利娅品行不端的指控无非只是一个方便的、冠冕堂皇的借口而已。作为一名政治家，奥古斯都是残酷无情的和始终如一的。为实现其野心，他可以冷酷地牺牲掉自己最亲近的人；而他的野心则是让盖乌斯和卢西乌斯不受妨碍地继承大位。为了实现这一目的，他们的母亲只不过是一件工具而已。……被扣上尤利娅情人帽子的那五位显贵并不是单纯的浪荡公子或道德败坏的恶棍，

而是一个可怕的党派……真正的党魁或许是尤鲁斯·安东尼。
这位后三头之一的儿子很可能是个政治上的危险人物。"

尤利娅不久后被赦免返回意大利，但是屋大维并没有宽恕她，禁止在家族墓地中为她安排位置。尤利娅也同样恶习不改，继续放纵，最后再一次被暮年的父亲流放到一个更加荒凉的孤岛上（公元 8 年）。她与阿格里帕的最后一个儿子珀斯图姆斯虽然年幼，却身体早熟，而且表现出极其暴戾凶残的脾性。失去了盖乌斯和卢西乌斯的屋大维虽然在公元 4 年把这个硕果仅存的外孙和提必略一起指定为养子，但是他很快就对这个角斗士一般强壮和粗野的孩子——他使屋大维很容易联想到被西塞罗嘲笑为"肉体上和精神上都像一个角斗士"的安东尼——丧失了信心，于是也将这个未成年的外孙流放到一座比较宜居的海岛上，以免他将来惹是生非。公元 14 年，当屋大维在意大利南部的诺拉寿终正寝之后，尤利娅也在被流放的荒岛上因为无人照料而活活饿死，珀斯图姆斯则被罗马派来的杀手秘密处决。有人说这是屋大维临死之前的精心安排，为了确保已经不可替代的继承人提必略顺利地执掌大权和治理国家。但是罗马历史学家塔西佗却认为，处决珀斯图姆斯是"新元首的第一件举动"。

恺撒之独女和屋大维之独女，这两位相貌秀美的尤利娅都成为罗马政治联姻的工具，却拥有截然不同的人生命运！前一位尤利娅嫁给了庞培，夫妻恩爱，从一而终，最后因难产而殁；后一位尤利娅却三醮其夫，自暴自弃，恣肆放纵，最终在孤岛上冻馁而亡。两位尤利娅的命运也可以折射出恺撒和屋大维的人生百态——恺撒心胸坦荡、爱憎分明，虽然壮志未酬身先死，却一生潇洒，心间充满了灿烂阳光；屋大维满心忧患、为权所累，尽管一统江山成就帝业，晚年却命运多舛，花果飘零，其内心的苦楚又有谁人知晓？

如果苏维托尼乌斯在《罗马十二帝王传》中的描述属实，那么，当屋大维在临终前仍然像戴着面具的喜剧演员一样让大家为他的精彩表演鼓掌时，他的身边围绕着李维娅和即将继位的提必略，却没有一个尤利乌斯家族的子嗣。此时，这位开创了尤利乌斯－克劳狄王朝的奥古斯都心中将是何等悲凄呀！

屋大维与提必略

屋大维不仅通过女儿来传承尤利乌斯家族的香火，通过与李维娅的婚姻来构建尤利乌斯和克劳狄乌斯这两大罗马望族之间的政治联盟，而且也通过其他女眷——他的姐姐屋大维娅与两任丈夫（盖乌斯·克劳狄乌斯·马塞卢斯和马可·安东尼）所生的4

个女儿——与另外一些罗马显贵家族缔结了政治联姻。到了公元前 1 世纪末叶，由于此前经历了长期的战乱，以及罗马上流社会在东方奢靡生活方式的影响下出现了明显的少子化倾向，所以罗马古老的贵族门第已经迅速萎缩，仅剩下十几个名门望族了。而屋大维通过尤利乌斯家族的女眷们，与古老的科尔内利乌斯·西庇阿家族、埃米利乌斯·雷必达家族、瓦列里乌斯家族、法比乌斯家族等显贵建立了政治联姻，这一切做法都是为了有效地维护尤利乌斯 – 克劳狄王朝的政治统治。

屋大维去世后，他生前最后指定的养子和继承人提必略成为新的奥古斯都。从个人的才能和德行上来看，提必略曾经是一个非常优秀的领袖型人物，但是他却不幸生活在屋大维和李维娅的阴影之下。

提必略·克劳狄乌斯·尼禄（Tiberius Claudius Nero，公元前 42 年—公元 37 年）出身于罗马最显贵的克劳狄乌斯家族，这个家族虽然不比尤利乌斯家族更古老，却比后者在罗马政坛上更加具有影响力。克劳狄乌斯家族是在罗马王政早期整体搬迁到七丘之城来的名门望族，根基深厚、枝繁叶茂，在共和国时期曾经产生了 28 位执政官，5 位独裁官，7 位监察官，举行过 6 次凯旋式。这个家族一向以作风强硬、刚愎自用而著称，从来不愿向平民阶层让步妥协，除了一个普布利乌斯·克劳狄乌斯为了报复西塞罗而自贬身份认平民为养父之外。提必略的生父克劳狄乌斯·尼禄曾经为恺撒立过战功，受到提拔。在"后三头同盟"期间，尼禄

提必略雕像

追随安东尼，迫于屋大维的压力不得不把妻子李维娅拱手让出。李维娅改嫁屋大维时，提必略只有 4 岁，而他的亲弟弟德鲁苏斯尚在母亲腹中。就血统而言，提必略出身于罗马名门，而屋大维却是在成为恺撒养子之后才从骑士阶层跻身贵族行列的。因此，在讲究门第出身的罗马上流社会，提必略在面对自己的继父时心中往往会有一种优越感，虽然他在不苟言笑的屋大维面前总是保持着谦卑恭敬的姿态。

李维娅改嫁屋大维后不久，尼禄就去世了，提必略和德鲁苏斯兄弟俩从小是在屋大维身边长大的。他们在童年和少年时期，经历了"后三头同盟"的分裂和内战，以及屋大维完成统一、创建帝制的过程。公元前 29 年当屋大维在罗马举行盛大的凯旋式时，少年提必略和同龄的马塞卢斯作为与屋大维关系最亲近的两个年轻人，分别骑马拱卫在屋大维乘坐的驷马战车两侧。从 17 岁起，提必略就开启了充满艰险的戎马生涯，先后征战亚美尼亚、潘诺尼亚、伊利里库姆等地。正是他代表罗马帝国从帕提亚人手中索回了当年克拉苏军团的军旗，而且还多次挫败日耳曼人的进攻。在多瑙河、莱茵河战线的征战中，提必略（和其弟德鲁苏斯）在阿格里帕麾下屡建战功，而且还娶了阿格里帕与前妻马塞拉之女为妻。阿格里帕死后，他在帝国军事方面的重要地位被提必略取代，提必略也在奥古斯都和李维娅的要求下被迫休妻，另娶了阿格里帕的未亡人尤利娅为妻。当克劳狄乌斯家族与尤利乌斯家族两大罗马名门进行这场政治联姻时，提必略作为未来帝位继承人的资格似乎已经得到了屋大维和李维娅的默认。

然而，随着屋大维的两个外孙日益长大，以及提必略与尤利娅的关系急剧恶化，提必略越来越强烈地体验到一种失势感——毕竟，作为尤利乌斯家族的女婿（而且已经名存实亡）是无法与屋大维的亲外孙相提并论的。随着初生牛犊的盖乌斯逐渐在军事和政治方面显示出蒸蒸日上的势头，屋大维显然已经不再寄希望于已成鸡肋的提必略了。公元前 9 年，提必略的弟弟德鲁苏斯在军中因坠马受伤而身亡，此后提必略深感形单影只，渐渐萌生退意。随着盖乌斯以及卢西乌斯一天天长大，提必略的危机感也与日俱增。公元前 6 年，出任罗马执政官的提必略不顾母亲和屋大维的挽留，毅然退出政坛，独身来到希腊的罗得岛，从此潜心向学，不问政务，8 年之后才在母亲李维娅的强烈要求和屋大维的召唤下重回罗马。

提必略于公元 2 年返回罗马，随行带回了一位精通柏拉图哲学和修辞学的希腊占星术大师特拉叙鲁斯（Thrasyllus），这位神秘人物成为提必略终身的朋友和导师，使他虔信占星术和斯多葛主义的命运决定论。现在远离权力中心的提必略已经不再构成根基稳固的盖乌斯和卢西乌斯的威胁了，但是似乎有某种魔咒正在冥冥中发挥效应——提必略回到罗马后的两年内，卢西乌斯和盖乌斯分别在高卢的马赛和东方的叙利亚意外身亡。

现在屋大维已经别无选择了，只得重新将失势的提必略和阿格里帕的遗腹子珀斯图姆斯指定为养子。由于具有尤利乌斯血统的其他子嗣均已亡故，"硕果"仅存的珀斯图姆斯年仅 8 岁，而身体羸弱的屋大维已经是 66 岁高龄了，所以提必略作为大位继承人的地位终于成为不可撼动的了，况且还有母亲李维娅为他保驾护航。但是屋大维却提出了一个附加条件，要求提必略把他的侄子日耳曼尼库斯同时指定为自己的养子。

　　屋大维之所以提出这个附加条件，主要出于两个原因：其一，奥古斯都更加偏爱李维娅次子德鲁苏斯（Drusus，公元前 38 年—公元前 9 年），可惜这位颇有才能的罗马统帅不幸英年早逝，但其子日耳曼尼库斯（Germanicus，公元前 15 年—公元 19 年）年纪轻轻就表现出德鲁苏斯的风采，兼具文韬武略，睿智勇猛，深得年迈的屋大维的欢心，公元 12 年就荣膺罗马执政官；其二，更重要的是由于日耳曼尼库斯身上有着尤利乌斯家族的血胤，他是德鲁苏斯与屋大维娅之女小安东尼娅（其父是安东尼）的儿子，即屋大维的甥外孙（正如屋大维是恺撒的甥外孙一样）。此外，屋大维还把自己的外孙女大阿格里皮娜（阿格里帕与尤利娅所生）嫁给了日耳曼尼库斯，从而进一步加强了后者与尤利乌斯家族的血缘关系。如果日耳曼尼库斯成为提必略的养子和继承人，那么在提必略去世之后，罗马帝位又将重新回到尤利乌斯家族的手中。由此可见屋大维维系家族权力的良苦用心。

德鲁苏斯雕像   日耳曼尼库斯雕像

在被屋大维指定为养子 10 年之后，历尽坎坷的提必略终于登上了帝位，那时他已经 56 岁了。

第 II 节

不断蜕化的王朝诸帝

提必略在公元 14 年登基称帝开始了尤利乌斯－克劳狄王朝的帝祚传承。在相继掌权的 4 位皇帝中,尤利乌斯家族、克劳狄乌斯家族、安东尼家族、阿格里帕家族等新老权贵的血脉极其复杂地融合在一起。然而,这些优秀血统衍生出来的后裔却乏善可陈,不是积弱不振,就是暴戾荒淫。恺撒、屋大维播下了龙种的帝国大地上,生长出了一批滑稽丑怪的跳蚤。

阴郁的提必略

由于长期身处帝王家,久经磨难,提必略养成了孤僻、阴郁的性格;再加上深受占星术大师特拉叙鲁斯的影响,更是形成了一种神秘主义的气质和自我封闭的心态。提必略刚刚执掌政权时尚能勤政笃行,尊重元老院的意见,克己奉公,惩治腐化淫乱,加强法治和完善传统道德规范。但是随着江山坐稳,以及个人性格和老年心态使然，提必略日益走向了故步自封和独断专行，对元老院的意见置若罔闻，对人民的统治手段也变得越来越冷酷残暴，从而使罗马民众对其产生了与日俱增的陌生感和厌恶之心。相比之下，元老们和罗马人民更加热爱屋大维生前为提必略指定的养子日耳曼尼库斯，他们期待这位阳光且功勋卓著的年轻人能够在不久的将来接替阴郁冷酷的皇帝。

公元前 40 年屋大维把自己的姐姐屋大维娅嫁给了刚刚丧妻的安东尼，以修复绽露裂痕的"后三头同盟"。在其后的几年时间里，屋大维娅为安东尼生了两个女儿，即大安东尼娅和小安东尼娅。这两个女儿是尤利乌斯家族与安东尼家族政治联盟和血脉融合的结果，尽管屋大维与安东尼后来又陷入兵戎相见、你死我活的冲突之中。

安东尼移情别恋和战败身亡后，贤惠的屋大维娅把这两个女儿（以及安东尼与前妻弗尔维娅的儿子尤鲁斯·安东尼）抚养长大。大安东尼娅后来嫁给罗马贵族阿赫诺巴尔布斯（他们的孙子尼禄后来成为尤利乌斯－克劳狄王朝的最后一位皇帝），小安东尼娅则嫁给了李维娅的次子德鲁苏斯，两人生了日耳曼尼库斯和克劳狄乌斯（尤利乌斯－克劳狄王朝的第四位皇帝）。屋大维非常喜爱文武双全的日耳曼尼库斯，把自己的外孙女大阿格里皮娜嫁给了他。日耳曼尼库斯与大阿格里皮娜生了多个孩子，其中的卡利古拉成为继提必略之后的第三任皇帝，小阿格里皮娜则是最后一位皇帝尼禄的母亲。如此看来，尤利乌斯－克劳狄王朝除了屋大维和提必略之外，后面的几位皇帝——卡利古拉（小安东尼娅之孙）、克劳狄乌斯（小安东尼娅之子）、尼禄（大安东尼娅之孙）——都带有安东尼的血统。这就是罗马权贵社会政治联姻的结果。

小安东尼娅雕像

当年屋大维在指定提必略为养子时，曾要求提必略同时指定日耳曼尼库斯为其养子。在屋大维的生前死后，日耳曼尼库斯建立了辉煌的功勋，他甚至被后人誉为"罗马的最后一位英雄"。尤其是在与剽悍的日耳曼人的战斗中，这位年轻的统帅屡建战功，声名远扬，深受罗马人民的爱戴。然而，诡异之事再一次发生了，公元19年，33岁的日耳曼尼库斯在前往东方巡视时突然得病身亡。有人怀疑是提必略指使叙利亚总督皮索下毒害死了这位未来的接班人，以便提必略自己的儿子取而代之。日耳曼尼库斯之死激起了罗马人民的极大悲哀和愤慨，元老院准备对嫌疑人皮索进行审判，但是皮索却在受审之前自杀身亡，于是日耳曼尼库斯之死就成为一桩无头案。提必略对于养子日耳曼尼库斯之死采取了一贯漠不关心的斯多葛主义态度，并且果然把自己的儿子德鲁苏斯确立为新的继承人。然而几年以后德鲁苏斯也暴毙而亡，遭受打击的提必略从此对政治心灰意冷，再加上他那年迈的母亲李维娅和元老院对帝国事务的不断干预，令他实在忍无可忍。公元 26 年，意兴阑珊的提必略再一次选择了隐居海外，不过这一次他没有去冷清的希腊罗得岛，而是来到意大利卡普里岛的豪华皇家别墅中。远离俗务的提必略整天沉溺于神秘的占星术，或者在一间名为“蓝穴”的密室里与一群少男少女赤身裸体地厮混在一起，而将罗马的事务完全交给了他所信任的近卫军长官塞亚卢斯（Sejanus）。

自从屋大维建立了近卫军以后，这支卫戍部队在罗马政坛上的作用就日益突显。平民出身的塞亚卢斯是一个擅长投机钻营的野心家，他利用提必略的信任攫取了近卫军长官的要职，以皇帝的名义在罗马实行专断统治。塞亚卢斯策划了许多骇人听闻的审判案件，对异己者进行血腥迫害，鼓励告密和安插密探，整个罗马城笼罩在一派恐怖的气氛中。公元 29 年，86 岁高龄的李维娅去世，塞亚卢斯在提必略的默许下开始变本加厉地迫害日耳曼尼库斯的遗孀大阿格里皮娜和她的两个年长儿子尼禄和德鲁苏斯，把他们囚禁在荒岛上或监狱中施以酷刑，母子三人很快就相继夭亡。小安东尼娅为了保护自己的孙子和儿媳，给隐居海岛的提必略写信求助，并且揭露了塞亚卢斯的野心和阴谋。此时提必略也渐渐意识到，塞亚卢斯矫诏妄为，诛杀异己，其目的是将来接替自己的帝位（而且他很快又得知自己的儿子德鲁苏斯也是被塞亚卢斯毒死的）。深感威胁的提必略决心及时清除这个野心勃勃的逆臣，他通过特拉叙鲁斯的亲属给元老院发了一道密旨，命令元老院逮捕并处死塞亚卢斯。对塞亚卢斯恨之入骨的元老们迅速地执行了这个命令，塞亚卢斯被杀死，他的党羽也遭到了清剿。提必略为了表明塞亚卢斯的暴行与自己无关，叫人把日耳曼尼库斯的第三个儿子卡利古拉带到卡普里岛，将他指定为养子，同时被指定的还有提必略的亲孙子盖迈鲁斯（Gemellus）。

塞亚卢斯被诛杀之后，提必略继续在疑心重重的警觉状态下在卡普里岛离群索居，性情乖戾，杀人成瘾，而且内心时常处于一种自我折磨中——这是暴君晚年的普遍心态。公元 37 年，身体衰弱的提必略在无节制的放纵中死去，终年 78 岁，统治罗马帝国达 23 年。苏维托尼乌斯在关于提必略的传记中写道："听到他的死讯，人民是如此高兴，以致有的人奔走大呼，'把提必略丢进台伯河！'另一些人则向地母神和冥界神祇祈祷，让这个人下地狱。"更为严肃的罗马历史学家塔西佗在《编年史》中对提

大浮雕中的提必略和李维娅及其亲眷

必略的一生这样评价道：

　　"他的性格也是每个时期各不相同。他以普通公民的身份
　　或是以重要官吏的身份生活在奥古斯都的统治之下时，是他的
　　生活和名誉中的一个崇高的时期。当日耳曼尼库斯和德鲁苏斯

（提必略之子）还在世时，他表现了伪善的品德，这是他狡诈地隐蔽了自己真实思想的时期。当他的母亲还在世时，他仍是一个有好有坏的人物。在他喜爱或畏惧塞亚卢斯的时候，人们只是讨厌他的残酷，但是他的淫欲却是隐蔽着的；最后，当羞耻和恐惧对他已不再是一种约束力量的时候，他只能按照自己的本性任所欲为，这样他就彻底陷进罪恶和丑行了。"

这就是"神圣的奥古斯都"屋大维在经历了命运的多次磨难之后，为罗马帝国选择的继承人。

暴戾的卡利古拉

提必略的死亡，主要原因固然是他本人纵欲过度，但是最后致使他断命的，却可能与卡利古拉的阴谋有关——根据一些历史资料的记载，提必略是在病重之时被其养子卡利古拉用一只枕头闷死的。

卡利古拉（Caligula）原名为盖乌斯·日耳曼尼库斯（Gaius Germanicus，公元12年—公元41年），是日耳曼尼库斯与大阿格里皮娜之子。其父死后，母亲和两个哥哥遭到了塞亚卢斯——在提必略的默许下——的迫害。后来塞亚卢斯败落被杀，提必略为了撇清干系，把日耳曼尼库斯的第三子盖乌斯收为养子。盖乌斯由于从小跟随父亲在军中长大，经常穿着士兵的军靴（caliga），故而得名"卡利古拉"，意即"小靴子"。

提必略之所以把卡利古拉指定为养子，一来是为了安抚怀念日耳曼尼库斯的罗马民众，二来则是为了对日耳曼尼库斯的最后一个儿子进行监控提防，因此他一直把年轻的卡利古拉带在身边。提必略同时也指定了自己年幼的亲孙子为养子，其良苦用心昭然若揭，无非是把卡利古拉作为一个陪衬而已，他随时都可能让这个年轻的傀儡死于非命。正是由于身处这种如履薄冰的凶险环境中，卡利古拉自少年时代就养成了深沉的心机和冷酷的性格，在老谋深算的提必略面前唯唯诺诺，以惊人的伪装来应对各种虐待和磨难，内心中却燃烧着暴戾的烈焰。在提必略濒危之际，卡利古拉买通御医（一说是亲自动手）杀死了老皇帝，抢班夺权，利用民众对日耳曼尼库斯的热爱而顺利登基。不久以后，卡利古拉又派人把提必略的亲孙子盖迈鲁斯杀死，显然，这个孩子的存在对于他的帝位将构成威胁。

卡利古拉刚刚上位时仍然保持着伪装，推行了一些勤政和亲民的举措，如大赦天下、减免税负、加强公民大会的权力、推动公共工程建设等。但是帝位甫一坐热，他的本来面目就彻底暴露出来了。有一种说法认为，就在卡利古拉登基当年的晚些时候，他生了一场大病，痊愈之后，他的性情大变。再加上不久后他热恋的一个妹妹去世，他迅即展现出混世魔王的邪恶本色。

卡利古拉身材高大，脸色苍白，年轻时代的长期压抑和伪装造成了他的性格变态，他既凶残血腥，又懦弱多疑。一旦权力在手，他就会肆无忌惮地暴露出贪婪和嗜血的本性。阴郁的提必略在晚年时酷爱杀人，但是与杀人如麻的卡利古拉相比只不过是小

凶残暴庚的卡利古拉皇帝

巫见大巫罢了。卡利古拉经常把杀人当作游戏，刻意营造出一些别出心裁的杀人场景，无须任何理由就可以置人于死地。无论是元老、骑士还是平民，一旦违背了他的意愿，或者引起他的猜疑，都会无端招致杀身之祸，他甚至逼死（一说毒死）了自己的祖母小安东尼娅。卡利古拉的一句名言是"但愿全体罗马人只有一个脖子"，言中之意就是他可以一刀将其砍下来。罗马人素来以残暴而著称，但是如卡利古拉这般草菅人命的还是屈指可数，可以与之相比拟的大概只有塞维鲁王朝的卡拉卡拉了。卡利古拉

在淫乱方面也达到了骇人听闻的程度，他不仅与自己的几个妹妹有乱伦关系（他时常恬不知耻地以宙斯与赫拉的关系为例而自我炫耀），而且在公共场合随心所欲地强占元老贵族之妻，还要求他们强作欢笑（正如他在杀人时经常强迫被害者家属到现场观看一样）。为了敛财，他精心设计出各种征税、拍卖和籍没财产的方法，甚至还在皇宫中开设妓院，招引权贵人士前来消费。他喜欢宏大铺张的场面，举办各种盛大的角斗、赛车、演出活动，挥金如土，极尽奢靡。

卡利古拉以神自居，以前的很多皇帝都是在死后才被人民尊为神明，而卡利古拉却在活着的时候就要求民众像对待神灵一般崇拜他。他既藐视神灵，又常常喜欢把自己装扮成神的模样，蓄着金色的胡须，手持闪电（宙斯或朱庇特）、三叉戟（波塞冬或涅普顿）等神的标志物，甚至装扮成维纳斯出现在大庭广众面前。他下令把希腊奥林匹亚神殿里的宙斯巨型雕像拆解后搬运到罗马来，准备换上自己的头像供罗马人敬仰。卡利古拉的暴戾无道和寡廉鲜耻激起了元老和民众的极大反感，他却还时常引用一位悲剧诗人的台词自鸣得意：

"让他们恨我吧，这样他们可以怕我。"

然而，当一个统治者普遍地遭到人民的憎恨和惧怕时，他的暴政也就行将终结——公元 41 年 1 月 24 日，刚刚当了不到四年皇帝的卡利古拉被两位近卫军长官卡瑞亚和萨宾努斯及其属下刺杀而死，而在此前罗马已经发生过好几次未遂的暗杀阴谋。罗马人民对于这次谋杀活动反应平淡，元老们则在暗中赞许。刺杀活动只是针对暴戾的卡利古拉本人（以及他的妻子和尚在襁褓中的女儿），并没有引起后续的骚乱。罗马的政治秩序很快就恢复了，主谋者卡瑞亚和萨宾努斯坦然地接受了元老院的死刑判决，身中三十多刀而亡的卡利古拉旋即就被罗马人民遗忘了，他的叔叔克劳狄乌斯则被参与谋杀活动的士兵们拥戴为新的皇帝。元老院认可了这个既成事实，因为克劳狄乌斯身上也流着尤利乌斯－克劳狄乌斯家族的血。

懦弱的克劳狄乌斯

享年 29 岁的卡利古拉被近卫军杀死时，士兵们在附近找到了吓得魂飞魄散的克劳狄乌斯，把他带到近卫军营区。士兵们欢呼他为"奥古斯都"，于是尤利乌斯－克劳狄王朝的第四位皇帝就这样意外地产生了。

继承皇位的克劳狄乌斯全名为提必略·克劳狄乌斯·恺撒·奥古斯都·日耳曼尼库斯（Tiberius Claudius Caesar Augustus Germanicus，公元前 10 年—公元 54 年），其中的"提必略"是他的名字，"克劳狄乌斯"是家族名，"恺撒"和"奥古斯都"
则是继承的头衔（即"皇帝"之意），"日耳曼尼库斯"是其父
亲德鲁苏斯的荣耀名称，因为德鲁苏斯曾经在屋大维统治时担任
过日耳曼战争的罗马统帅，克劳狄乌斯就是在山北高卢的首府卢
格登（今里昂）出生的，所以他和其兄都继承了"日耳曼尼库
斯"的名字。由于兄长直接用了日耳曼尼库斯的名字，所以作为
弟弟的克劳狄乌斯就通常被人们用家族名来指称。

　　屋大维生前极其重视帝位传承的血脉关系，虽然由于命运
多舛，他最终不得不指定缺乏尤利乌斯家族血缘的提必略为养
子，却迫使提必略同时指定日耳曼尼库斯为其养子。因为日耳
曼尼库斯作为屋大维娅的外孙，身上传承了尤利乌斯家族的血
脉。日耳曼尼库斯虽然英年早逝，但是其子卡利古拉后来却继
承了提必略的帝位，从而保证了帝国的统治权仍然掌握在尤利
乌斯家族手中。公元 41 年卡利古拉被杀害时身后无嗣，而此时
尤利乌斯家族也已经后继无人了。从血缘关系上看，克劳狄乌
斯与其兄日耳曼尼库斯一样也是小安东尼娅之子、屋大维娅的
外孙，而且还是克劳狄乌斯家族的正宗后裔，接替其侄子卡利
古拉成为尤利乌斯－克劳狄王朝的新皇帝实属名正言顺。这就
是卡瑞亚等人在刺杀了卡利古拉之后立即把躲藏起来的克劳狄
乌斯推上帝位的主要原因，因为这种做法符合奥古斯都开创的
王朝传承的正当性。

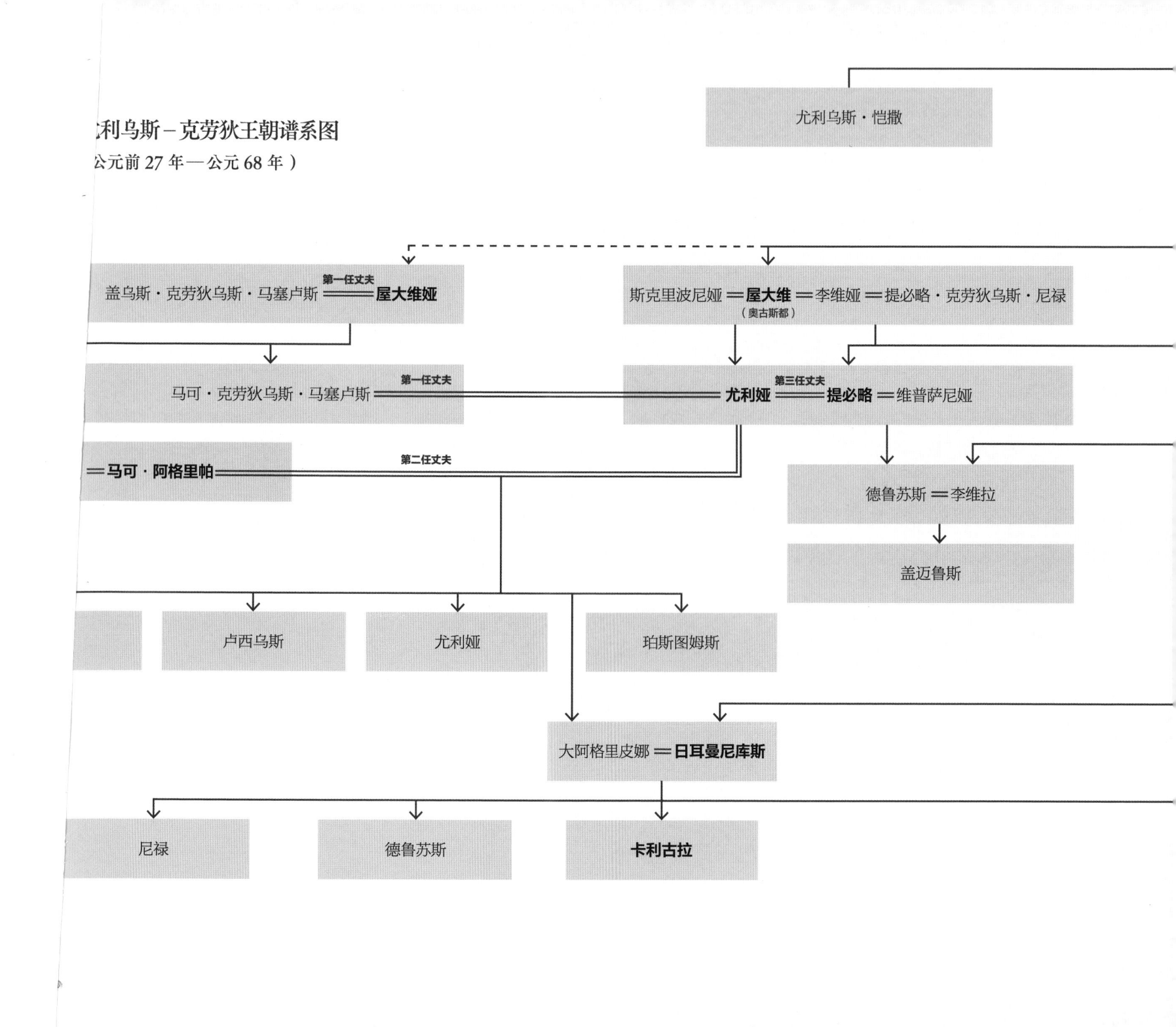

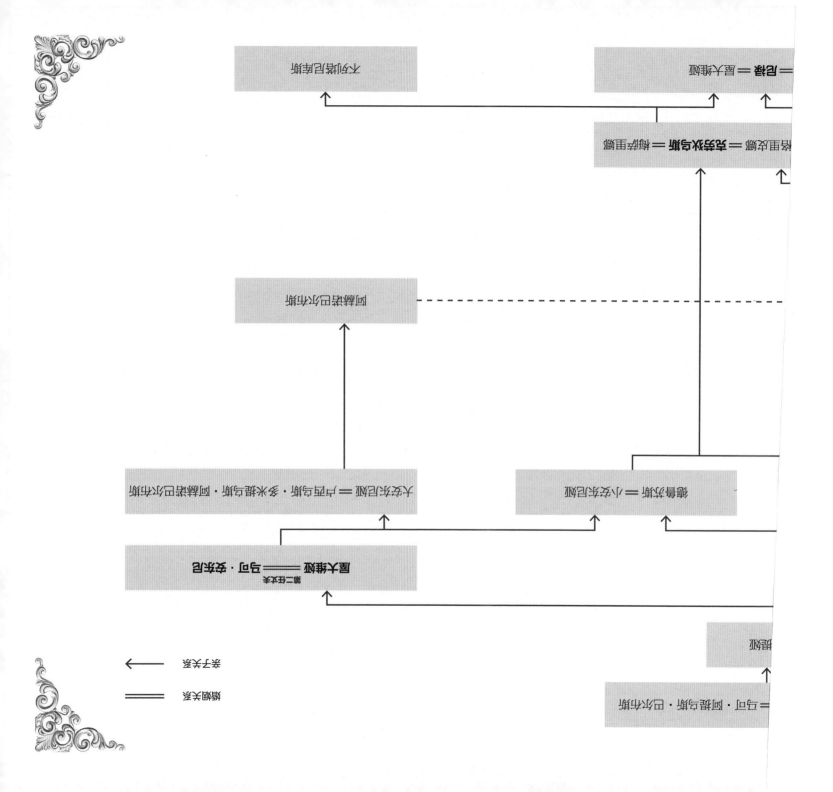

克劳狄乌斯年幼时曾患过小儿麻痹症，导致右腿残疾；再加上身体羸弱，经常会神经质地全身颤抖，一紧张就会口吃，与其兄英俊强壮的日耳曼尼库斯形成了鲜明对照。因此，克劳狄乌斯从小就成为人们嘲笑的对象，母亲小安东尼娅不无伤心地把他称为"由自然开始而未被自然完成的怪物"；祖母李维娅几乎很少搭理他，而屋大维虽然对这个可怜的孩子充满了同情，但是从来也没有想过这个残缺不全的孙辈将会成为尤利乌斯－克劳狄王朝的继承者。对于一向注重身体强健的罗马人来说，一个残疾的肉体是不可能孕育健全的精神的。

然而，遭人遗弃的处境也给克劳狄乌斯带了悠然自得的闲暇时光和无所羁绊的内在自由，从而使得身体残缺的"怪物"潜心于历史研究和写作，他成了罗马历史学巨擘提图斯·李维的学生。克劳狄乌斯

平庸懦弱的克劳狄乌斯

不仅从其师李维那里受到了共和立场的影响——奥古斯都曾略带戏谑地把李维称为"庞培的拥护者",而且也领悟了通过历史来展现人性的书史思想。克劳狄乌斯相继撰写了《伊特鲁里亚史》《迦太基史》《和平记》等历史著作以及一部关于西塞罗的传记作品,但是它们都未能流传于后世。

当克劳狄乌斯糊里糊涂地被近卫军推上帝位时,他已经年届五旬了。此前他除了象征性地当过几个月的执政官之外,从来没有行政经验和戎马生涯。在后来的十三年统治期间,这位学者皇帝完全是根据此前所掌握的历史学知识来进行国家治理的,虽然谈不上有什么值得夸耀的业绩,但是比起此前暴戾的卡利古拉和其后变态的尼禄来,这种平庸也算得上是一种美德了。这位生性懦弱、不擅演讲和专权的皇帝有两个优点:其一是勤勉谨慎,专心致志地为罗马帝国尽职尽责;其二是努力修复与元老院的关系——这一关系在提必略和卡利古拉统治时期被严重地破坏了,诚心依赖元老院的栋梁老臣,与其共同治理国家。克劳狄乌斯虽无屋大维的才能,却有后者的情怀,以天下苍生的幸福为执政鹄的,而不像晚年的提必略和卡利古拉那样沉迷于个人的骄奢淫逸之中。因此克劳狄乌斯执政之初,采取了一些有利于国计民生的改革措施,恢复了屋大维建立的元首政治(即元首和元老院共同治理国家的政治制度),同时也树立起新皇帝的威望。

克劳狄乌斯的政绩主要表现在两件事情上,一是初步征服了不列颠,二是大力推动公共工程建设,特别是修建了著名的克劳

狄乌斯海港（皇帝港）。

恺撒曾在公元前 55 年和公元前 54 年两次渡过多佛尔海峡踏上了不列颠的土地，但是他并没有在那里过多停留，更没有去征服这片蛮荒之地，而只是象征性地打击了支持高卢人的土著之后就返回了欧洲大陆。此后，罗马帝国与不列颠一直相安无事，不列颠居民长期与罗马帝国治下的高卢人通过海峡进行商业往来，互通有无。到了公元 42 年，不列颠内部的不同部落之间发生了权力之争，战火蔓延到高卢东北海岸，这样就为从未建立过军功的克劳狄乌斯提供了征服不列颠的借口。克劳狄乌斯任命潘诺尼亚总督布劳迪斯为军事统帅，布劳迪斯率领 4 个罗马军团渡海远征不列颠，很快就取得了军事上的胜利。战场报捷后，克劳狄乌斯御驾奔赴不列颠犒劳三军，仅仅待了十几天就返回罗马，留下了几个军团的罗马将士在此后的 200 年间艰难地在这片蛮荒土地上推行殖民开拓计划。元老院为得胜归来的克劳狄乌斯举行了隆重的凯旋式，由于腿部残疾，克劳狄乌斯无法亲自驾驭驷马高车，只能由随从代驾，自己则坐在战车上向观众挥手致意。他唯一的儿子也因此获得了不列塔尼库斯（罗马人将不列颠称为不列塔尼亚）之名。

克劳狄乌斯在上台的第二年就开始着手修建台伯河入海口（奥斯提亚）的海港，这项规模浩大的工程花费了 12 年时间，竣工时克劳狄乌斯已经遇害身亡。罗马城距离台伯河入海口约有 20 公里，克劳狄乌斯海港的修建极大地推动了罗马对外贸易的发展，使得罗马商船可以方便地从台伯河驶入第勒尼安海，前往地中海沿岸的各个港口。而且海港的修建也疏浚了河道入海口的淤泥，有效地防范了罗马的洪水泛滥。除此之外，克劳狄乌斯还完成了卡利古拉时代就开始动工的罗马引水渠，至今人们在罗马城里还可以看到这一宏伟建筑的遗址。

宏伟的克劳狄乌斯引水渠

生性懦弱的克劳狄乌斯一生中结了 4 次婚，后两位妻子都是年轻漂亮的美人，同时也是著名的强悍女子：一位是出身于罗马名门的梅萨里娜（她比克劳狄乌斯年轻 35 岁，刚嫁给克劳狄乌斯就意外地当上了皇后）；另一位则是日耳曼尼库斯的女儿小阿格里皮娜，她也是克劳狄乌斯的亲侄女（罗马人近亲结婚的事例屡见不鲜）。

梅萨里娜是一个爱慕虚荣、擅长弄权且欲望旺盛的女人，她充分利用丈夫惧内的弱点，直接干预朝政，编织罪名，滥杀无辜，巧取豪夺。梅萨里娜在两性关系上也极为放荡淫乱，令皇帝成为元老和百姓们耻笑的对象。公元 48 年，鬼迷心窍的梅萨里娜竟然为了要与一位英俊情人结婚而准备谋杀克劳狄乌斯。阴谋败露之后，忍无可忍的克劳狄乌斯不得不下决心处死了这个美丽而邪恶的女人，但是他在公众的口中也被讥讽为"一个连妻子也不把他当回事的皇帝"。

失去了妻子的孤独老人克劳狄乌斯在一群附庸的撮合之下，又娶了自己的侄女小阿格里皮娜为妻。小阿格里皮娜是日耳曼尼库斯与大阿格里皮娜的女儿，阿格里帕与尤利娅的外孙女，也是屋大维的重外孙女。奥古斯都家族一向阴盛阳衰，其女系后裔都具有自由奔放的性格和野心勃勃的抱负。小阿格里皮娜嫁给亲叔叔克劳狄乌斯不是为了当皇后，而是为了当皇太后，即让自己与前夫所生之子尼禄顺理成章地成为新皇帝，这样她就可以垂帘听政，掌控朝纲。由于克劳狄乌斯仍然一如既往地懦弱惧内，所以这位本来就不甘寂寞的新妻子很快就变得和梅萨里娜一样专横跋扈，但是她却不像梅萨里娜那样放荡淫乱，而是把所有的热情都投注到她的儿子尼禄身上。公元 54 年 10 月 13 日，预谋已久的小阿格里皮娜用毒菌害死了窝囊的克劳狄乌斯，她的儿子尼禄顺利继位，成为尤利乌斯－克劳狄王朝的最后一个皇帝。

强悍的小阿格里皮娜

变态的尼禄

尼禄·克劳狄乌斯·恺撒·奥古斯都·日耳曼尼库斯（Nero Claudius Caesar Augustus Germanicus，公元 37 年—公元 68 年）应该是罗马历史上最荒唐变态的皇帝了，但是他也是罗马帝国少见的深具希腊艺术气质的皇帝（另一位可能就是公元 2 世纪中叶的哈德良皇帝了）。概言之，这是一位禀赋极高却又人格分裂的乖戾皇帝。

小阿格里皮娜在成为皇后之后，很快就说服了缺乏主见的克劳狄乌斯把她与前夫所生之子尼禄收为养子，不久后又让刚刚成年的尼禄娶了克劳狄乌斯之女屋大维娅为妻，从而让皇帝更加信赖这个亲上加亲的养子。在举行了隆重的婚礼之后，在小阿格里皮娜的安排下，年仅 16 岁的尼禄第一次出现在罗马元老院的讲坛上，他交替着使用希腊语和拉丁语发表了一篇理据充分、文采飞

蓄有希腊式须发的尼禄皇帝

扬的政论演讲，一时间语惊四座，元老们纷纷为其才华和雄辩所折服。从此，由小阿格里皮娜和罗马卓越哲学家卢西乌斯·安涅·塞涅卡（Lucius Annaeus Seneca，公元前 4 年—公元 65 年）精心调教出来的少年尼禄就开始在罗马政坛上闪亮登场，而克劳狄乌斯的亲儿子不列塔尼库斯（梅萨里娜所生）则逐渐被罗马公众淡忘。不久之后，未满 17 岁的尼禄就接替被毒死的克劳狄乌斯成为罗马皇帝。

> 当年，25 岁的庞培因战功卓著而获得"伟大的庞培"称号，并举行了人生的第一次凯旋式，实属春风得意；屋大维 19 岁依凭实力成为罗马执政官，缔结"后三头同盟"，更可谓英雄出少年。而现在尼禄不及弱冠，且寸功未进，却成为一统江山的帝国皇帝，真不知是罗马之幸，抑或罗马之衰。

尼禄如同克劳狄乌斯一样，也是安东尼和屋大维娅的后裔，只不过克劳狄乌斯是小安东尼娅之子，尼禄则是大安东尼娅之孙。小阿格里皮娜早先曾嫁给大安东尼娅之子阿赫诺巴尔布斯，丈夫死后才改嫁克劳狄乌斯，带来了"拖油瓶"尼禄。如此看来，尼禄身上既有屋大维家族的血统，也有安东尼家族的基因，罗马内战时两大冤家对头的血脉从卡利古拉开始就贯穿尤利乌斯－克劳狄王朝的帝位传承之中。

尼禄刚刚上台的时候，因其朝气蓬勃和富有才华，很快就得到了罗马民众的热情拥戴。年轻的尼禄缺乏行政经验，因此在登基之初主要仰赖母亲小阿格里皮娜和首席辅佐官塞涅卡的指导。

　　早在尼禄尚未成年时，望子成龙的小阿格里皮娜就寻找到正在流放中的罗马帝国首屈一指的大思想家塞涅卡，希望他能够像当年亚里士多德教导亚历山大一样培育尼禄。尼禄称帝之后，塞涅卡又长期担任他的首辅大臣，运用自己的哲学智慧和政治经验——塞涅卡此前曾担任过罗马元老——帮助年轻的皇帝治理国家。塞涅卡是堪与西塞罗相比肩的罗马杰出思想家，他在多年的教诲过程中向尼禄传授了丰富的知识，却未能陶冶尼禄的德行。尼禄的另一位得力助手也是母亲推举的近卫军长官布鲁斯，他负责保护皇室的安全，与塞涅卡共同构成了尼禄倚重的左膀右臂。

塞涅卡与尼禄

克劳狄乌斯死后，小阿格里皮娜由皇后变成了皇太后，其权力欲愈益膨胀。她如影随形地陪伴尼禄出现在各种政治场合中，甚至把元老院的会场也搬到了皇宫里面，以便她垂帘听政。新发行的罗马钱币上镌刻着小阿格里皮娜与尼禄面对面的头像，皇帝发布的告示上都写有"奥古斯塔·玛特尔·奥古斯提"（Augusta Mater Augusti，即"崇高的皇帝之母"）的字样。强悍的小阿格里皮娜经常在皇宫中和其他公众场合毫不留情地训斥尼禄，甚至威胁他，声称要让克劳狄乌斯的亲儿子不列塔尼库斯来取代尼禄坐上皇帝之位：

> "因为我有尤利乌斯家族的血缘，你这个出身并不显赫的阿赫诺巴尔布斯家族的家伙才能成为皇帝！……比起你这个鸠占鹊巢的养子，身为克劳狄乌斯嫡子的不列塔尼库斯更有资格继承皇位。"（盐野七生：《罗马人的故事》）

随着年龄的增长，尼禄对于母亲的专权跋扈越来越感到憎恶和愤慨。特别是当他与女奴隶阿可特以及一位美丽的有夫之妇波比娅的恋情遭到小阿格里皮娜的坚决反对和斥责之后，尼禄更是下决心要彻底清除自己在政治上和婚姻上的障碍。他首先在塞涅卡和布鲁斯的帮助下剪除了母亲的政治亲信帕拉斯等人，然后下毒害死了年少的不列塔尼库斯，下一步计划就是结束小阿格里皮娜的生命了。继承了其母阴谋天赋的尼禄设计了一系列谋杀方

案，包括在她的食物中放毒、在她的卧室里安装机关、在她乘坐的大船底部凿洞等，但是这些都被精明和好运的小阿格里皮娜一一逃过。最后尼禄只得图穷匕见，派人用刀剑刺死了小阿格里皮娜。据罗马历史学家卡西乌斯·狄奥的记载，当尼禄见到母亲的尸体时，这位荒唐的皇帝感叹道："我竟然不知道我有一个如此美丽的母亲！"在以后的岁月里，母亲的阴魂一直折磨着尼禄的内心，使他变得更加疯狂和残暴。

克劳狄乌斯在执政时，一改提必略和卡利古拉独断专行的统治方式，极力与元老院修复关系。尼禄在登基之初，尚能够与元老院相互协调，在内政和外交方面做出了一些政绩，如平定亚美尼亚和不列颠叛乱、进行税制和货币改革、安置退役士兵等。但是随着小阿格里皮娜被杀（公元 59 年），尼禄执政初期的功德也画上了句号。性情乖谬的尼禄日益走向偏狭专断，与元老院的关系也日益紧张，他对元老们任意打压和迫害。他曾经多次暗示，总有一天会把元老这个特权等级从罗马彻底铲除掉。尼禄一方面痴迷于希腊的竞技和艺术，另一方面却变本加厉地坠入凶残和淫乱。在弑母之后，他又先后杀害了曾经收养过自己的姑母（仅仅因为她对尼禄所蓄的希腊式胡须有所不满）、两任妻子屋大维娅和波比娅（后者被他踢死时还身怀六甲）以及其他一些亲属，并且逼迫长期辅佐他的恩师塞涅卡自杀身亡。他的另一位肱股大臣布鲁斯此前已经得病去世，有人怀疑这也是擅长下毒的尼禄所主使。尽管这位酷爱希腊艺术的皇帝在观看悲剧时往往会泪流满面，但是他在夺人性命时却从来不皱眉头，甚至把杀人和淫乱变成一种艺术表演来加以施行。苏维托尼乌斯在《尼禄传》中描写道：

> "尼禄淫荡竟达到这种程度，几乎身边所有的人均被他玷污过。最后，他竟发明了一种游戏：他身披兽皮，从兽笼中被放出后，攻击缚在木桩上的男人和女人的阴部。当他的兽欲满足之后，又表演被他的获释奴隶多律弗路斯所征服。为此，他嫁给了多律弗路斯，就像他当初娶斯波鲁斯一样（斯波鲁斯是一个被尼禄阉割的男孩）。他喊叫、痛苦，模仿一个被奸污的少女。"

塔西佗也在《编年史》中描写了寡廉鲜耻的尼禄在罗马城里所干的一些匪夷所思的荒唐事情。例如每到夜晚，尼禄就装扮成奴隶的样子，在一群剑奴的伴随下去逛酒肆、妓院，抢劫商店或者袭击路人。一些歹徒也纷纷假借尼禄之名而胡作非为，"罗马之夜就和一个敌人占领下的城市的夜里一样"，充满了恐怖的氛围。

尼禄不仅滥杀无辜，荒淫无道，而且横征暴敛，搜刮民脂民膏来填补他举办希腊式竞技活动和修建"金宫"的浩大开支。尼禄的暴戾恣睢终于弄得天怒人怨，高卢人首先举起了造反的旗帜，紧接着西班牙总督加尔巴（Galba）率兵响应，元老院把这位荒唐变态的皇帝宣称为"国家公敌"，尼禄的近卫军甚至连他身边的奴隶也纷纷叛离。公元 68 年 6 月 9 日，千夫所指的尼禄在四面楚歌的困境中自杀身亡，享年 30 岁，屋大维开创的尤利乌斯－克劳狄王朝也至此终结。

尼禄与希腊文化

虽然尼禄是罗马历史上著名的暴君，但是他却特别仰慕希腊文化，而且颇具艺术家的气质和天赋。希腊文化，尤其是希腊的竞技活动和戏剧表演就是在尼禄统治时期开始在罗马社会大行其道的。虽然早在共和国后期，罗马的一些自由派精英（如小西庇阿等人）就已经开始受到希腊文化风气的濡染，仰慕和学习希腊文化，但是在罗马主流社会，保守的元老贵族们在价值观上仍然对希腊文化多有贬抑。在那些恪守罗马传统道德的保守派人士（如克劳狄乌斯家族、伽图家族等）看来，希腊文化过于奢靡颓废，充斥着疲软气息，不适合崇尚铁血精神的罗马人。这种阴柔之风的流行将会腐蚀罗马人的钢铁意志，使他们变得像希腊人一样萎靡不振，不堪一击。老伽图本人虽然仰慕柏拉图主义的哲学思想，但是他却在一些公众场合谆谆教导罗马青年：千万不要被希腊文化的柔靡风气浸染。到了西塞罗和恺撒的时代，虽然贵族子弟从小都要接受希腊式的教育，但是也仅限于学习那些具有实用性、日后可以运用于罗马政坛的辩论术和修辞学，最多涉及柏拉图和亚里士多德的伦理学及政治学。至于希腊文化中影响巨大的竞技和艺术（戏剧表演等），罗马上流社会的精英阶层并不感兴趣，而且在价值取向上一直刻意抵制这些无用之术所蕴含的浪漫精神和唯美理想。罗马人一向认为弹琴奏乐是酥软意志的靡靡之音，对于优伶演艺之类的活动更是嗤之以鼻。罗马人似乎天生就缺乏欣赏歌咏和悲剧的高雅情趣，一直到庞培当权的时代，罗马人才修建了第一座大剧场——主要是用于表演一些取悦于平凡百姓的低俗喜剧罢了。

尼禄可以称得上是罗马历史上第一个大力推崇希腊优雅文化的皇帝，他尤其热衷于希腊的竞技活动和艺术表演，而且也是第一个蓄起了希腊式胡须的罗马皇帝。按照罗马人的习俗，男孩子在发育之后必须把胡须剃净，这样才符合一个成年男子的形象。在古代社会，希腊男子往往都蓄有络腮胡子，如苏格拉底、柏拉图、亚里士多德等人物雕像所示，表现了一种儒雅的风范；但是罗马男人则要剃净胡须，留着短发（由庞培、恺撒、屋大维等人的雕像可见），显得雄姿英发、孔武强悍。尼禄第一次蓄起了希腊式的络腮胡子（虽然不算太浓密），可以说是首开罗马皇帝蓄须之先河。这种风气后来被另一位热衷于希腊文化的罗马皇帝哈德良发扬光大，因此自哈德良以后的罗马皇帝，如安东尼·庇护、马可·奥勒留、康茂德乃至塞维鲁、卡拉卡拉等人纷纷效法，与此前罗马社会的领袖形象形成了鲜明对照。

尼禄第一次把希腊的竞技活动引入了罗马，公元 60 年，尼禄在罗马召开了第一届竞技会（罗马人称之为"尼禄节"），把希腊奥林匹亚竞技会的田径、角力、赛车等项目引入罗马，并且为此修建了气势恢宏的体育场馆。五年以后，罗马又举行了第二届"尼禄节"（将希腊四年一届的奥林匹亚竞技会改为五年一届），其规模更加宏大。尼禄之所以要引进希腊的竞技活动，就是为了提高罗马人的文化品位，将高雅的希腊文化精神注入罗马人粗鄙的躯壳之中。

除了引进希腊的竞技活动之外，尼禄更加推崇希腊的艺术表演，对于这位热爱艺术更甚于关注政治的罗马皇帝来说，诗歌与音乐才是希腊文化的精髓。尼禄从小就精通诗歌音律，他最热衷的事情就是与各地艺人进行公开的诗歌音乐比赛。最初忌于罗马人对文艺活动的轻蔑之情，尼禄选择了在具有希腊文化基因的那不勒斯进行歌咏比赛，后来就公然把表演带到了帝国的政治之都罗马，皇帝本人也肆无忌惮地在庞培剧场或大竞技场中公开献艺了。尼禄不仅自贬身份充作伶人在公众场合表演艺技，而且还强迫元老和骑士们经常到剧场中来观看他的演出，谁如果流露出懈怠之情或不满之意，就会招致杀身之祸。罗马人素来把血溅沙场的战士视为人生楷模，而对搔首弄姿的戏子颇为不屑；罗马有过骑马仗剑的元首，从来没有登台献艺的皇帝。然而，现在尼禄竟然自甘下流，不顾九五之尊而沦为以往由奴隶来充当的优伶，如此下作之举比起他的暴戾荒淫行径，更加令罗马精英社会感到耻辱。尼禄时代出生的著名历史学家塔西佗充满不屑地写道："尼禄很久以来就有一个愿望，这就是驾着四匹马拉动的马车参加比赛。另一个同样令人作呕的愿望就是在竖琴的伴奏下登台歌唱。"当成千上万的罗马人齐聚在可以容纳数万人的露天剧场时，平民百姓怀着好奇之心戏谑地观看皇帝的献唱表演，元老们则在心中充满了鄙夷之情，深深哀叹产生过恺撒、屋大维等伟大英雄的罗马帝国竟然已经堕落至此！

尼禄一生都对罗马人的勇武精神弃若敝屣，而对希腊人的文质彬彬赞美备至，唯有希腊的艺术理想才能抚慰他那狂躁不安的心灵。公元 66 年，对自己的歌喉、琴艺充满信心的尼禄带领一支庞大的啦啦队来到希腊各地进行巡回演出，一路上赢得了数不胜数的歌咏大赛桂冠。为此，荒唐的尼禄竟然要求元老院为他在罗马举行凯旋式。在盛大的凯旋式上，游行队伍所展示的不是斩获的战利品和敌国酋首，而是金光闪闪的竞赛桂冠；队伍的行进终点也不是卡庇托尔山上的朱庇特神庙，而是帕拉蒂尼山上的阿波罗神庙。尼禄一向都以阿波罗为偶像，但那不是善射的阿波罗，而是抚琴的阿波罗（阿波罗既是文艺之神，也是善射之神，希腊大英雄阿喀琉斯就是死于阿波罗引导的帕里斯之箭）。当时的罗马人用打油诗来嘲讽尼禄：

"我们的皇帝紧拉琴弦，

帕提亚的国王则紧拉弓弦；

我们的皇帝将是歌唱者阿波罗，

而那个国王将是远射者阿波罗。"

以往罗马人崇拜的希腊神祇，如朱庇特（宙斯）、朱诺（赫拉）、密涅瓦（雅典娜）以及维斯塔（赫斯提亚）、狄安娜（阿尔忒弥斯）等，都是威武、庄重、勇猛、贞洁的象征。放纵的安东尼把风情万种的埃及女王比作维纳斯（阿佛洛狄忒），一度引起了罗马人的厌恶。屋大维虽然也曾崇拜阿波罗并为其修建神庙，然而那是手持弯弓、战无不胜的阿波罗。但是到了尼禄的时代，阿波罗的形象已经从弯弓射箭的战士变成了抚琴献唱的艺人。罗马文化风气的变化，由此可见一斑。

尼禄在引进希腊文艺风习的同时，也加速了东方奢靡堕落的生活方式在罗马的流行。在元首制初创时代，屋大维曾大力弘扬传统的道德规范，惩治腐化堕落行为。但是随着罗马帝国的发展，和平昌盛的社会环境滋润了享乐主义的生活方式，罗马人也开始步希腊人的后尘渐渐陶醉于声色犬马的奢靡之风中。在许多时代里，文艺的兴盛往往是与生活的堕落结伴相随的。纵欲主义的泛滥，饕餮风气的盛行，两性关系的紊乱（包括同性恋和恋童癖的肆行），这一切与罗马传统道德背道而驰的新风气都被富裕悠闲的追新者看作时髦和文明开化的象征。罗马社会风气的败坏，固然不能完全归咎于尼禄，但是他确实为罗马上流人士树立了一种阴柔颓靡的典范。因此，罗马的保守人士之所以对尼禄深恶痛绝，除了他的残暴无良之外，更多是因为他的耽于文艺和萎靡作风。在公元 65 年刺杀尼禄的未遂案中，一位被抓捕的近卫军长官面对尼禄的讯问时这样说道：

> "我恨你！当你还是一个受人民爱戴的皇帝时，我敢说没有人比我更忠诚。可是，眼看着你大逆不道弑母杀妻，痴迷于竞赛，后来又热衷于唱歌，甚至沦落到纵火犯罪（指公元 64 年的罗马大火事件），我只希望你死！"

不久后，高卢人揭竿而起反抗尼禄的暴政，其领袖温德克斯也公开宣称道：

> "尼禄把罗马帝国占为己有，整日沉溺于各种消遣、娱乐而萎靡不振，哪里还有泱泱大国一国之主的风范？他大逆不道，谋害生母，甚至以叛国重罪逼死贤臣良将。作为一国之君，他却喜欢化身歌手，琴技不佳，曲不成调，他自己居然沾沾自喜。这种不称职的首领应该及早下台，只有这样才能拯救高卢，拯救罗马人，拯救帝国！"

在罗马人（包括高卢人）眼里，尼禄的沉溺文艺比起滥杀无辜来更加臭名昭著。事实上，罗马人本来就是一个嗜血的民族，暴力活动对于他们来说司空见惯，皇帝沉迷演艺才是奇耻大辱！罗马人自古以来就热爱血腥的血肉相搏（早在伊特鲁里亚文明时期就经常举办残酷的角斗活动），但是他们却蔑视优雅的琴瑟在御。然而，对于尼禄来说，艺术家或许比皇帝更加符合他的禀性（正如同希腊比罗马更能够寄托他的理想），无怪乎他在被逼自杀之前会不断地感叹："一位多么伟大的艺术家就要死去了！"

罗马大火与"金宫"

公元 64 年，罗马城发生了一场为害巨大的火灾，罗马的 14 个街区中有 10 个被焚烧殆尽或者损失惨重，只有 4 个街区得以幸免。按照一些历史学家的说法，这场大火实际上是尼禄暗中指使人去放的，"种种迹象都表明尼禄是在想取得建立一座以他的名字命名的新首都的荣誉"（塔西佗）。这位荒唐的皇帝平时老是抱怨自己的皇宫"不像人住的地方"，因为皇宫所在的帕拉蒂尼山附近建满了参差不齐的平民简陋房（"因斯拉"），这令颇有艺术品位的尼禄非常沮丧。事实上，尼禄居住的皇宫本来就非常豪华，但是他却始终想要重建一座更加金碧辉煌的宫阙，甚至想效法当年的奥古斯都那样重建一座宏伟的罗马城。据说尼禄授意手下人去放火焚烧帕拉蒂尼山周边的平民棚户区，以便腾出一片空地来修建新皇宫。但是这场火却失控了，最初的火苗从帕拉蒂尼山与大竞技场之间的空旷地开始燃起，很快就蔓延到帕拉蒂尼山、西里欧山以及罗马城的其他地区，最终酿成了一场惨重的灾难。大火一连焚烧了 6 天，火势稍得平息之后又死灰复燃，继续肆虐了 3 天，作为"世界之都"的罗马城被烧得满目焦土，一片狼藉。据说当大火熊熊燃烧之时，尼禄兴奋地登上了他的私人舞台，高唱起自己谱写的悲剧《特洛伊的毁灭》中的台词。但是另一种说法则认为，在罗马城外度假的尼禄听闻火灾的消息后，迅即驾乘马车赶回首都，带领部下积极投入灭火救灾的活动中，慷慨地为灾民提供避难所和救济粮，一反常态地表现出慈悲心肠。

关于罗马发生大火的真实原因，后世史家们众说纷纭。但是当火势平息之后，愤怒的罗马人开始追责，他们要找出酿成这场惨烈浩劫的元凶。尼禄皇帝为了推卸责任，便嫁祸于人，把纵火的罪责归咎于不久前刚开始在罗马城活动的基督徒头上。公元33 年，一个名叫耶稣的犹太人被罗马驻叙利亚总督彼拉多以图谋造反的罪名钉死在十字架上，耶稣的门徒们响应他的号召，离开以色列前往罗马帝国各地传播耶稣阐发的福音，遂使一个新宗教——基督教应运而生。公元 42 年前后，耶稣的门徒彼得来到罗马城，建立了最初的教会组织，积极宣扬基督教的得救理想，吸引了许多苦难民众。在当时的罗马帝国，初生的基督教是一种不能登大雅之堂的民间信仰，被有教养的罗马人看作一种蒙昧的东方迷信，基督教会的一些礼仪（如祈祷忏悔、领圣餐等）更是被罗马人以讹传讹地说成邪恶的巫术。因此，当尼禄皇帝把纵火的罪责栽赃到基督徒头上时，一般的罗马人很容易接受这种指控，因为基督徒在他们眼里就是一群具有反人类倾向的疯子。于是，罗马帝国就开启了第一次大规模迫害基督徒的活动。以艺术家自我标榜的尼禄素来喜欢把一切事情都加以戏剧化处理，因此迫害基督徒的残酷活动同样也被披上了"表演"的盛装——一些基督徒被驱赶到竞技场中，罗马人放出猛兽来撕咬他们，以供看台上的皇帝和臣民们观赏；或者把基督徒钉在道路两边的十字架上，头部抹上油膏当作火把照明。在这次大迫害中，罗马教会的创始人、被后世基督教徒尊为第一任罗马主教的圣彼得（St. Peter），以及基督教神学思想的重要奠基人圣保罗（St. Paul）均以身殉道，成为基督教会的信仰楷模。从公元 64 年尼禄皇帝对基督徒首开杀戒，一直到公元 313 年君士坦丁皇帝颁布《米兰敕令》为止，在长达 250 年的时间里，罗马帝国对基督徒进行了多次大迫害，书写了基督教早期发展的苦难史。

后来尼禄果然在焚毁的罗马废墟上修建了一座金碧辉煌、奢华至极的"金宫"，其占地范围从帕拉蒂尼山一直延伸到埃斯奎里山。塔西佗强调这座皇宫的诱人之处不在于殿堂所装饰的宝石、黄金等庸俗奢侈品，而是在于精心修整的草地、湖泊、柱廊、厅堂等景观交相辉映而形成的幽静气氛。苏维托尼乌斯对"金宫"的壮观景象进行了细致的描述：

卡拉瓦乔:《 圣彼得殉道 》

"殿的前厅是那样高大，里面可容一尊 120 罗尺（相当于 35 米）高的尼禄巨像。殿的面积是如此之大，仅三排柱廊就有 1 罗里（1 罗里约合 1.49 公里）长。还有一个像海一样的池塘，周围的建筑物宛如一座座城市。旁边是乡村，装点着耕田、葡萄园、牧场和林苑。内有许多各种各样的家畜和野兽。宫殿的其余部分全部涂金，并用宝石、珍珠贝壳装饰。餐厅装有旋转的象牙天花板，以便撒花，并设有孔隙，以便从上部洒香水。正厅呈圆形，像天空，昼夜不停地旋转（指天花板）。在浴池中，他让海水和黄绿色水长流不息。尼禄以这样的方式建成了宫殿，举行落成典礼时赞叹说：'我终于开始像人一样地生活了！'"

修建这座"金宫"动用了帝国境内的所有囚犯和其他人力，耗尽了国库的全部积蓄，弄得财源枯竭，民怨鼎沸，最终导致了天下大乱、暴君自戕的结果。尼禄死后，被元老院处以"记录抹煞罪"（Damnatio Memoriae）的处罚，他的雕像、标志和一切有关记录全部从罗马的公共场合和历史记载中被消除掉，就好像这个人根本不曾存在过一样。这是罗马皇帝所遭受的最大耻辱，后来也有一些荒淫暴戾的皇帝（如图密善、康茂德等）受到过同样的惩罚。矗立在"金宫"门厅入口的尼禄巨像被推倒，辉煌的"金宫"不久后也毁于一场大火。后来称帝的韦斯巴芗将"金宫"的人工湖改建成"圆形露天大剧场"，其因尼禄的巨像

尼禄的"金宫"复原图

"Colosseum"而得名为科洛西姆竞技场。

今天罗马市区的一个重要考古项目，就是对埋藏地下近两千年之久的尼禄"金宫"的发掘。相信在不久以后，这座堪与后来的哈德良别墅相媲美的古代宫阙将会在世人面前重新展示它的熠熠光辉。

第 II 章

罗马帝国的黄金时代

尤利乌斯－克劳狄王朝灭亡之后，罗马帝国经历了一段短暂的"四帝内乱"时期，最终韦斯巴芗荡平群雄，建立了弗拉维王朝。经过该王朝三位皇帝的权力传承和一场未伤筋骨的宫廷政变之后，罗马帝国开始步入辉煌的"五贤帝"时代（公元 96 年—公元 180 年）。在五位薪火相传、励精图治的贤良皇帝的统治之下，帝国版图扩展到最大化程度，国内经济繁荣昌盛，百姓安居乐业，文化蓬勃发展，罗马文明达到了"黄金时代"的巅峰状态。然而，在一派歌舞升平的盛世景象背后，罗马社会的政治危机也开始酝酿。随着哲学家皇帝马可·奥勒留的去世，罗马帝国迅速由盛转衰，无可救药地走上了衰亡的道路。

"四帝内乱"与弗拉维王朝

军阀迭起与"四帝内乱"

屋大维在长期和平时期的精心治理为罗马帝国的繁荣昌盛打下了牢固的根基，虽然从提必略的晚年到卡利古拉的短暂统治时期出现了一段暴政，但这只是过眼烟云，并未动摇罗马帝国的坚实基础。克劳狄乌斯虽然平庸懦弱，却能依赖元老院治国有方，进一步维系和推进了罗马的繁荣与稳定。尼禄接任帝位时，罗马一派国泰民安的景象。尼禄统治了罗马 14 年时间，其愈演愈烈的乖戾行径终于激起了人们的普遍愤慨，致使行省揭竿，藩镇叛乱，罗马帝国再度陷入内乱之中。

率先举旗起事的是山北高卢的总督温德克斯，他的反叛虽然很快遭到了罗马驻日耳曼军团的镇压，但是西班牙东部塔拉戈纳行省总督加尔巴却起兵响应，叛乱烈焰迅即在罗马帝国境内蔓延开来。出身名门、德高望重的加尔巴很快就得到了罗马元老院的支持，西班牙西部卢西塔尼亚行省总督奥托也加入了加尔巴的阵营。穷途末路的尼禄自杀身死，加尔巴控制了罗马的局势，并被元老院拥戴为新的皇帝。

加尔巴在皇帝的宝座上才坐了 7 个月，就被属下奥托杀害，奥托顺势接替了加尔巴的帝位。在同一时期，下日耳曼尼亚行省总督维特里乌斯也被手下将士拥立为皇帝，先后与加尔巴和奥托争锋。公元 69 年 4 月，维特里乌斯的军队在贝德里亚库姆（意大利北部）战役中打败了奥托，刚刚僭位称帝的奥托自杀身死，维特里乌斯入主罗马，成为"四帝内乱"时期的第三位皇帝。

就在群雄争锋之际，担任犹太军团指挥官的韦斯巴芗先是按兵不动，静观其变；继而则在东方的叙利亚军团、支持奥托的多瑙河军团以及埃及总督的共同支持下公开称帝，与维特里乌斯分庭抗礼。公元 69 年 9 月，双方军队再次在贝德里亚库姆发生会战，韦斯巴芗的麾下大获全胜，乘胜直逼罗马。在位仅仅 8 个月的维特里乌斯兵败被杀，笃实稳健的韦斯巴芗削平群雄，一统天下，建立了罗马帝国的第二个王朝——弗拉维王朝。

从尼禄被逼自杀，到韦斯巴芗重整河山，其间经历了一年半的时光。在这段时间里，拥兵自重的各地军阀相继登台亮相，逐鹿中原。最终的结果则是三家归晋，弗拉维王朝脱颖而出。由于"四帝内乱"的时间较短，军阀混战对于罗马社会的冲击和伤害比较有限，因此重建统一国家的韦斯巴芗得以在尤利乌斯 – 克劳狄王朝所奠定的坚实基础上，继续推进屋大维开创的罗马统治下的和平与发展。

敦实的韦斯巴芗

提图斯·弗拉维乌斯·韦斯巴芗（Titus Flavius Vespasianus，公元 9 年—公元 79 年）出身于罗马骑士阶层，家族中并没有什么值得炫耀的祖先肖像（罗马名门望族家中往往会摆放出任过要职的祖先肖像，以示荣耀）。韦斯巴芗的祖父曾经是庞培麾下的百夫长，在法尔萨卢战败后解甲归田；其父当过亚细亚地区的包税人，作风廉正，素有清誉。韦斯巴芗从青年时代就开始了戎马生涯，在提必略晚年即出任军职，历经卡利古拉、克劳狄乌斯、尼禄诸帝的统治，先后在色雷斯、日耳曼、不列颠、阿非利加等地担任过军队指挥官和行省总督。后因有一次在尼禄本人的"演唱会"上犯困打盹，他遭到皇帝的呵斥，恐受责罚而隐退乡间。公元 67 年，没有显赫家世背景的韦斯巴芗再度被尼禄起用，出任军团的指挥官，率部前往东方去镇压犹太人的起义，并且很快就平息了叛乱。不久后国内版图动荡、硝烟弥漫，深谋远虑的韦斯巴芗于沧海横流中异军突起，最终在时势造英雄的命运驱策下成就了帝业。

稳健笃实的韦斯巴芗

　　据说在韦斯巴芗称帝之前曾经出现过许多异象，例如有一次一头疯牛冲进了他吃饭的餐厅，众人四散而逃，但是疯牛却瘫倒在泰然危坐的韦斯巴芗脚下；尼禄皇帝从希腊神庙运到罗马来的宙斯巨大塑像，竟然自动地把面孔转向了东方（当时韦斯巴芗正在东方平定犹太人的叛乱）；在贝德里亚库姆战役发生之前，人们盛传看见了两只鹰在天空中鏖斗，其中一只败退后，从东方又飞来了第三只鹰，把胜利者赶跑了。凡此种种，似乎都在预示着某位真龙天子的出现。除此之外，东方还流传着一个古老的预言：命中注定将有某位来自犹太的人会统治世界，这个预言似乎也在韦斯巴芗身上应验了。但是数百年之后，人们才恍然大悟，这个统治者应该是指耶稣。

韦斯巴芗身体强健，笃行务实，他掌权后大力恢复社会秩序，整治军队的专横跋扈，尤其是限制近卫军的专权。从提必略时代开始，罗马近卫军的权力越来越大，其不仅干预政治、滥杀无辜，甚至把皇帝的废立之事也玩弄于股掌之间。韦斯巴芗利用自己手中掌握的罗马军团来削弱拱卫首都的近卫军，同时极力修复与元老院的关系，提升元老和骑士阶层在罗马政治生活中的权重地位。以前的皇帝如卡利古拉、尼禄等都与元老院弄得剑拔弩张，形同水火，而韦斯巴芗则要重新回归屋大维开创的元首政治，竭诚与元老院同舟共济，共襄国事。他也像奥古斯都一样推崇传统的宗教信仰和道德规范，遏制奢靡淫乱之风。韦斯巴芗对于自己要求严格，朝乾夕惕，励精图治；对待别人却和蔼宽厚，善于用质朴的幽默来化解尴尬和矛盾，从来不滥用权力去进行报复和迫害。

韦斯巴芗在长相上显得憨厚朴实，很像一个老农民，其行为方式也简朴低调，他不尚张扬，而且从来不掩饰自己的卑微出身。他曾经在举行凯旋式时自嘲道："一个老头子贪图凯旋式真是傻相！"有一次，一个浑身散发着香水气息的年轻人前来感谢皇帝对他的任命，韦斯巴芗却轻蔑地对他说道："你身上最好散发大蒜味！"并因此取消了对这位青年的任命。

　　韦斯巴芗当政唯一遭人诟病的地方就是强行征收各种苛捐杂税，他不仅恢复了加尔巴时期已经废除的一些赋税，而且还巧立名目增加了许多新的税种，特别是对行省人民加重了贡赋盘剥。但是韦斯巴芗此举并非为了中饱私囊，而是为了充实国库。因为此前尼禄的挥霍和内乱的劫难已经致使国库空虚，国家财政出现了巨大的亏空，所以韦斯巴芗只能通过增加税收的方式来加强国力。据说当韦斯巴芗征收厕所税时遭到了其子提图斯的质疑，这位憨厚幽默的农民皇帝拿起一枚钱币放在儿子的鼻子跟前对他说道："孩子，金钱是没有臭味的！"

　　韦斯巴芗统治期间还在罗马大火过后的废墟上开展了一些修复和新建工程，例如他重建了卡庇托尔山上的神庙和国家档案设施，修建了罗马广场附近的和平神庙（韦斯巴芗神坛），特别是在尼禄"金宫"的遗址上新建了罗马圆形大剧场，即大名鼎鼎的科洛西姆竞技场。早在屋大维时代，罗马人就计划修建一座这样的大剧场，但是该计划一直未能付诸实施。韦斯巴芗从公元70年开始修建圆形大剧场，一直到十年之后，他本人已经作古，其子提图斯统治时此工程才最后竣工（"金宫"中的尼禄巨幅雕像也被复制出来，只是尼禄的面孔换成了阿波罗）。时至今日，罗马帝国的风采早已成为明日黄花，但是科洛西姆竞技场却岿然屹立，向后人展现着昔日帝国的旷世雄风。

科洛西姆竞技场

由于韦斯巴芗的家族名为弗拉维乌斯，因此他建立的新王朝就被后世称为弗拉维王朝。该王朝一共经历了三位皇帝的统治，开国之君就是质朴敦厚的韦斯巴芗。据说有一次韦斯巴芗做了一个梦，梦见帕拉蒂尼皇宫里放着一架巨大的天平，天平一边的秤盘中站着克劳狄乌斯和尼禄，另一边的秤盘中则站着他和自己的两个儿子，天平刚好保持着平衡。这个梦境后来果然得以兑现，从克劳狄乌斯到尼禄一共统治了 27 年（公元 41 年—公元 68 年），而整个弗拉维王朝的治理时间——从韦斯巴芗称帝到图密善身死——刚好也是 27 年（公元 69 年—公元 96 年），两边的年数正好相等。

短命的提图斯

在韦斯巴芗的 10 年统治期间，罗马的法制秩序得以加强，社会经济获得了发展，罗马帝国重新走上了和平稳定的道路。公元 79 年 6 月 23 日，韦斯巴芗因病亡故，他的长子提图斯接任了帝位。

提图斯·弗拉维乌斯·韦斯巴芗（Titus Flavius Vespasianus，公元 41 年—公元 81 年）与父亲同名，是一个有着良好教养且文武双全的皇储，深受民众的爱戴。提图斯的出生正好与卡利古拉的毙命在同一天（公元 41 年 12 月 30 日），而且他从小与克劳狄乌斯的亲儿子不列塔尼库斯一同在皇宫中接受教育，三人友情甚笃。据说有一次克劳狄乌斯请来了一位相面师为儿子测字，结果相面师断言不列塔尼库斯永远都不会成为皇帝，但是他却指着站在一旁的提图斯说道，这个孩子将会继承皇位。

短命的皇帝提图斯

　　公元 79 年韦斯巴芗去世后，提图斯果然继承了帝位，但是他却与卡利古拉一样，是一位短命的皇帝，尽管二者的死因完全不同。提图斯一共只统治了两年多时间就得病身亡，而且在其短暂的执政期间还遇上了一系列倒霉的灾难，如维苏威火山喷发、罗马大火和瘟疫等。他的卓越功勋都是在成为皇帝之前建立的，而他称帝之后却政绩平平。早在弗拉维王朝建立之前，年轻的提图斯就跟随父亲在日耳曼和不列颠等地担任过军团指挥官，他也曾作为父亲的副将率兵平定了犹太人的起义。提图斯在作战时的英勇表现使他在军队中享有很高的声誉，士兵们纷纷欢呼他为"英白来多"。在继承皇位之前，提图斯曾多次与父亲共任罗马执政官、监察官和保民官等要职（罗马皇帝往往会兼任执政官等职），他的精明强干使其成为韦斯巴芗倚重的得力助手。虽然一些传闻披露提图斯在登基之前生活放荡和贪婪残酷，但是这些流言并未得到证实。而提图斯刚一登上皇位，就卷入了连续不断的灾难之中。

公元 79 年 8 月 24 日，就在提图斯刚刚继位两个月后，意大利坎帕尼亚地区的维苏威火山发生了规模巨大的喷发活动，遮天蔽日的火山灰把附近的庞贝、赫拉克勒斯和斯塔比埃等城镇完全摧毁和掩埋。亲身经历了这次火山爆发的罗马著名作家小普林尼（Pliny the Younger，约公元 61 年—公元 113 年）当时年仅 18 岁，正在他的舅舅——罗马杰出博物学家和米塞努姆舰队指挥官老普林尼的家中生活和学习。当维苏威火山刚刚开始喷发时，小普林尼在距离火山口 30 多公里处的米塞努姆（位于那不勒斯海湾西北岬）看到了天空中像"一棵金松"一样迅速扩散的蘑菇云。作为舰队指挥官的老普林尼由于职责所系，亲自乘船驶往离维苏威火山更近的斯塔比埃，结果在那里因火山灰堵塞气管窒息而死。小普林尼带着年迈的母亲与大量人群一起逃亡，他对当时的可怕情景记载道：

"之后不久，乌云向地面沉落并笼罩海面；它将卡普里完全遮住，使米塞努姆海岬浑然不见。……火山灰已开始落下，但仍然不是十分浓烈。我环顾四周：我们身后有一片浓密的乌云袭来，如洪水般覆盖大地。……这时黑暗袭来，不是无月或多云之夜的黑暗，而是如同在一间封闭的房间内灯光被熄灭之后的漆黑。你可以听到妇女的尖叫、婴孩的哭号和男人的呼喊……灰烬重新开始落下，但这次即如强阵雨般下落。我们间或站起抖落灰尘，否则我们会在其重量下被埋没压垮。……

"最后，黑暗逐渐淡去，消散于浓烟或乌云之中；真正的日光随之而来，太阳也真切地显露出来，但就像日食时一样泛黄。我们惊恐地发现一切都发生了变化，均深埋在雪堆般的灰烬中。"(小普林尼:《书信集》)

无数来不及逃跑的人被炙热的火山灰烫死或窒息而死，庞贝等城镇被厚重的灰烬完全掩埋。灾难发生后，提图斯皇帝立即采取了救援行动，向幸存者提供避难所和生活必需品，并且成立了一个专门的委员会来负责进行庞贝和赫拉克勒斯的挖掘与重建工作。但是一直到19世纪下半叶，被埋没了1 800年的庞贝古城才得到系统的发掘，重见天日。

祸不单行，就在维苏威火山喷发的第二年，罗马城又发生了一场大火，肆虐的火焰焚烧了三天三夜，罗马所遭受的惨重损失堪与尼禄时代的那场大火相比拟。此外，罗马当年还暴发了一场瘟疫，无数生灵丧生于病疾。殚精竭虑的提图斯疲于应对，四处奔波。与当年作为皇太子建功立业、春风得意的情形相比，身为

庞贝古城遗址（远处即为维苏威火山）

皇帝的提图斯可谓是焦头烂额，历尽磨难。尽管苏维托尼乌斯赞扬提图斯在大灾大难中"不仅表现出皇帝的焦虑，而且还表现出盖世无双的父爱"，但是毕竟人力不敌天命，这位时运不济的皇帝在应对各种灾难的辛劳过程中突发热病而逝，年仅 41 岁。他的死或许是由于心力交瘁，但也有人认为他是被自己的弟弟图密善毒死的。

征服犹太

提图斯一生中最辉煌的业绩就是征服犹太，他率兵洗劫耶路撒冷犹太教圣殿所获的战利品被记录在罗马广场的提图斯凯旋门上，至今仍然清晰可见。

犹太人作为古代地中海世界唯一信仰一神教的民族，与周边其他信奉多神教的族群始终处于格格不入的抵牾状态。在罗马人的势力扩张到西亚地区之前，生活在地中海东岸巴勒斯坦地区的犹太人在长达一千多年的时间里先后遭受过埃及人、非利士人、亚述人、新巴比伦人、波斯人和希腊人等异族的统治。但是由于具有坚定的一神教信仰和强烈的选民意识，并且把神律（以"摩西十诫"为核心的律法）看作是至高无上的，犹太人始终保持着不屈不挠的反抗精神，任何外来的统治者也不可能改变他们的宗教信仰和迫其就范。特别是在希腊人的塞琉古王朝统治期间，犹太人因为坚持一神教信仰和行割礼等传统习俗而遭到了希腊统治者的残酷迫害，但是他们仍然矢志不改。公元前 2 世纪中叶以后，随着塞琉古王朝日益走向衰落，犹太教世袭祭司集团的马加比家族领导犹太人民控制了耶路撒冷，建立了独立的犹太王国。到了公元前 1 世纪，马加比家族逐渐衰败，犹太王国的政权转到了先后娶了两任马加比王室女裔的以东人大希律王（Herod the Great，公元前 73 年—公元前 4 年）手中。

公元前 64 年庞培终结了塞琉古王国，并把犹太王国纳入罗马人主宰的同盟之中。在后来的罗马内战中，精明的希律王在庞培与恺撒、安东尼与屋大维之间见风使舵，游刃有余，维系着犹太王国的独立。到了屋大维统治时期，他一直对信仰一神教的犹太人采取比较宽容的政策。及至希律王去世、犹太王国内部发生分裂之后，以耶路撒冷为中心的犹太中部地区被列为罗马帝国的次级行省，归属于叙利亚行省总督管辖。

相比而言，多神教之间容易彼此融通，而一神教则具有较强的独尊性和排他性，很难与其他宗教和平相处。恺撒、屋大维等罗马统治者深知其中的奥妙，故而一直以柔性的方式来对待犹太人，免除他们向罗马纳税和参加军队的义务，并且尊重他们的宗教习俗，如行割礼、守安息日等，只要犹太人不反对罗马人的政治统治即可。对于犹太人来说，他们的宗教圣殿是极其神圣之地，除了犹太教徒之外，其他人一律不得进入；尤其是其中的内殿，一年中只允许大祭司进入一次，一般犹太教徒也禁止入内。当年庞培初次占领耶路撒冷时，因为不知情而擅闯其中，激起了犹太人的极大愤慨。后来的罗马统治者都比较尊重犹太教的教义，在耶路撒冷也不驻扎军队，实际上是默许犹太宗教祭司在耶路撒冷实行政教合一的自治。然而，这种宽容政策却进一步助长了犹太人的卓尔不群，诚如一神教很难与多神教相合流一样，犹太人也很难真正融入罗马主流社会。罗马人不仅擅长征服，而且善于通过普遍性的法律制度和行政管理来同化被征服的民族，但是犹太人却始终恪守其特立独行的宗教信仰和禁忌，成为罗马帝国中格格不入的"异类"。当其他民族——西班牙人、希腊人、高卢人、北非人、埃及人等——都潜移默化地融合于"罗马统治下的和平"时，只有犹太人不断地通过暴动来反抗罗马人的统治。

公元 66 年，耶路撒冷地区的犹太人再次发生了大规模的起义，尼禄皇帝命令韦斯巴芗率领罗马军队前去镇压，后者则指定自己的儿子提图斯作为副将，出任先锋。后来韦斯巴芗率兵返回罗马争夺帝位，把犹太战场的重任交给了提图斯。公元 70 年，提图斯指挥罗马军团攻陷了耶路撒冷，数十万犹太人惨遭屠杀。攻城之后的提图斯还把犹太教神庙一把火烧毁，并将圣殿中的宗教圣物作为战利品掠夺回罗马，其中弥足珍贵的就是圣殿的镇殿之宝——黄金圣案和七宝烛台。提图斯凯旋后，罗马人不仅为他和韦斯巴芗举行了隆重的凯旋式——正是在这次凯旋式上韦斯巴芗自嘲一个老头子傻相毕露，而且稍后还在罗马广场上修建了著名的提图斯凯旋门。这座至今保存完好的凯旋门的内侧墙面上，分别镌刻着提图斯参加凯旋式和士兵们抬着犹太教圣殿宝物黄金圣案及七宝烛台的浮雕。在罗马现存的三座著名凯旋门中，公元81年图密善开建的提图斯凯旋门要比塞维鲁凯旋门和君士坦丁凯旋门早得多，所以其文化价值也更高。提图斯凯旋门上的这些浮雕，充分展现了罗马人对犹太人的征服以及犹太民族的苦难。

提图斯的征服使犹太民族元气大伤，大量人民被杀戮，残存者被驱赶出耶路撒冷，流落他乡。但是犹太民族的独立意识和反

提图斯凯旋门内侧的罗马人掠夺犹太教圣物黄金圣案和七宝烛台的浮雕

罗马广场上的提图斯凯旋门

抗精神并未泯灭，六十多年后，死灰复燃的犹太人又举行了一次暴动。公元 134 年，罗马皇帝哈德良再一次残酷地镇压了犹太人的起义，耶路撒冷重罹焚城之灾，数十万犹太人被杀害，剩下的沦为奴隶或四散逃亡。次年，罗马元老院正式决议通过了犹太人大流散政策，明令禁止犹太人在耶路撒冷地区居住。

　　从此以后，犹太人就成为一个丧失了家园的民族，流散到欧洲乃至世界各国，长期寄人篱下，受尽了磨难。特别是当基督教成为欧洲的主流宗教之后，不忘初心、坚持犹太教信仰的犹太人更是遭受了各种惨无人道的迫害。从中世纪一直到近现代社会，西方基督教世界不断地掀起酷烈的反犹运动，一直到希特勒决定采取最终解决方案把犹太民族彻底消灭。但是犹太人具有一种锲而不舍的信仰精神和"天将降大任于斯人"的神圣使命感（以及卓越的智慧和非凡的经商理财能力），在长达一千八百多年的时间里，他们经受了一次又一次的苦难考验，始终在流离失所的过程中形散魂不散，终于在第二次世界大战之后重返家园，建立了以色列国（1948 年）。时至今天，以色列已经成为一个高度发达的资本主义国家，犹太人用充满苦难的漫长历程印证了某种神圣的感召。

　　或许是出于对当年屠杀犹太人的一种报应，公元 81 年 9 月 13 日，刚刚执政两年多的提图斯突发暴病而亡。虽然坊间有传闻说，是弟弟图密善给他下了毒，但是没有子嗣的提图斯仍然把帝国交给了居心叵测的弟弟。

诡异的图密善

提图斯·弗拉维乌斯·图密善（Titus Flavius Domitian，公元51年—公元96年）比提图斯年少十岁，提图斯由于身后无子，称帝时就把图密善确立为帝位继承人。提图斯在当皇太子时就建有卓越功勋，深得韦斯巴芗的器重；而图密善却碌碌无为，一直生活在兄长光辉的阴影之下，故而心中对提图斯多有不满。按照苏维托尼乌斯的说法，图密善从未停止过公开或秘密的反提图斯的阴谋，甚至连提图斯的暴死可能也与他的策划有关。

图密善刚上台时还比较廉洁勤政，加强法治，巩固边防，进行货币改革，修复了不久前被大火焚毁的一些重要建筑，如卡庇托

诡异的图密善皇帝

尔山上的朱庇特神庙等，而且还在罗马广场上为已逝的兄长修建了提图斯凯旋门。图密善在罗马留下的最重要的建筑当数帕拉蒂尼山上的皇宫，这座皇宫规模巨大，奢华壮观，后来的一些罗马皇帝不断地对图密善皇宫加以扩建和装潢，从而使其长期成为罗马帝国的宫闱故地。其实早在罗马共和国时期甚至王政时期，帕拉蒂尼山就是罗马权贵的居住地，山头上修建了许多豪华的富人私宅。到了帝制时期，屋大维最先在帕拉蒂尼山上修建了元首府邸，而图密善则开始在此地大兴土木、修建皇宫，从此"帕拉蒂尼"就从富人区进一步升级为皇宫所在地了。

图密善治国早期的善政很快就由于他的本性流露而改变，从小所处的贫穷环境——图密善在韦斯巴芗称帝之前一直生活在贫困的家境中——使他对财富极度贪婪，而长期处于兄长光环遮蔽之下的阴暗心理又助长了他的一种与深度恐惧相交织的暴戾性情。有一种说法认为，图密善在执政中期曾经生过一场大病，痊愈之后其性格举止就日益变态，他越来越热衷于干一些血腥暴力的勾当。他像卡利古拉和尼禄一样滥杀无辜，任意处死元老和平民，并且绞尽脑汁地变换出各种残忍的杀人方式，如用火烧受刑者的生殖器、砍断他们的双手等。他在杀人之前还喜欢作弄受难者，将残酷的折磨和惺惺作态的仁慈相互穿插，让被杀者在断命之前侥幸地以为自己已经获得了皇帝的恩免，或者让幸免者绝望地感受到大祸临头。这位变态的皇帝有许多奇怪的癖好，例如他每天都要把自己关在一个密不透光的黑屋里一个时辰，专心致志

帕拉蒂尼山上的图密善皇宫遗址

地捕捉苍蝇，然后用尖锐的东西把苍蝇钉在木板上，看着它缓缓死去；他也经常把自己的家奴钉在十字架上任其受尽折磨而亡。由于皇帝的行径诡异莫测，属下之人谁也不知道自己将在何时何处、以什么样的方式遭受杀身之祸。前一时方为座上宾客，倏忽之间即可能成为刀下之鬼！而图密善最喜欢干的事情就是让阴森恐怖的氛围笼罩他的宴会或者其他公共聚会。古罗马历史学家卡西乌斯·狄奥讲述了一个令人毛骨悚然的图密善宴会情景：

"图密善有一间黑房子，天花板、墙壁以及地板都涂上了黑色，屋中的长凳也是黑的，而且没有垫子。宾客们在深夜被引进了这房间，不能携带随从。每位客人身边，都有一块墓碑般的石板，板上刻着宾客的姓名。石板上方悬挂着一盏幽幽的小灯。入座后，一群漂亮的男孩出现了，他们一丝不挂，浑身上下也被漆成黑色，像幽灵一样，围着客人跳着奇怪的舞蹈。跳完之后，就站立在宾客的身边，每位客人都有一个。接着，有人将酒和食物送了进来。噢，这简直是死魂之宴，一切都是黑的，连菜肴也是黑色的。客人们战战兢兢，仿佛死亡的一刹那随时都会降临。宴会上一片肃静，静得像在坟墓中一样，只有图密善一个人在说话，话题也总是不外乎谋杀或暴卒！宴会结束时，图密善将一直等候在院中的仆人们召进屋，吩咐送客。客人们并不认识、也不知道这些仆人，这无疑又给他们添上了一层恐惧。当他们回到家后，惊魂尚未安定，突然，皇帝的使者又到了，这些图密善的客人都感到也许自己的末日已经来临。出乎意料的是，使者送给每一位客人的是那些"墓碑"（它们其实是用银子制作的）和其他礼物，礼物中包括宴会上的那些菜肴，这实际上是价格昂贵的工艺品，甚至还有在宴会上曾像幽灵般的小男孩，不过，此时他们早已洗去了黑色油墨，衣着也十分漂亮。这些礼物是对客人们一夜惊骇恐惧的报偿。图密善常以这类宴会庆贺自己的胜利。据他说，这是为了纪念在达西亚和罗马死去的勇士们。"

由于皇帝本人喜怒无常、乖僻暴戾，他的臣属和家奴们时刻都处于一种如履薄冰的惊恐状态中。而图密善的残暴又进一步强化了他自己的恐惧心态，他终日提心吊胆，惶惶不安，如同防范自己的影子一般戒备森严。知人善任的韦斯巴芗当年就曾经嘲笑过这个胆小的儿子，揶揄他因害怕被人下毒而戒食蘑菇，对任何东西都严加防备，却唯独不怕宝剑（因为那些负责保护他的侍卫都佩戴着宝剑）。后来，作恶多端且如同惊弓之鸟的图密善果然是被人用剑刺杀而死——公元96年9月18日，在皇后多米提娅的策划下，一群宫廷侍从将图密善刺杀于内宫之中。这位性格变态的皇帝在位15年，被杀时才45岁。苏维托尼乌斯对图密善死后的情形描写道：

"人民听到他的死讯无动于衷，可是士兵却十分悲痛，打算立即称他为'神圣的图密善'。他们还准备为他报仇，然而没有找到领导人。……相反，元老们却高兴极了，争先恐后地麇集元老院议事厅，在那里用最肮脏和最凶狠的咒骂肆无忌惮地攻击这位已故皇帝。他们甚至拿来了梯子，看着当场扯下他的盾牌和肖像，并就地砸得粉碎。最后，元老院通过决议，必须涂掉他在各处的题词，有关他的纪念物也必须清除干净。"

诡异的图密善成为继荒唐的尼禄之后第二个被元老院处以"记录抹煞罪"的罗马皇帝，韦斯巴芗开创的弗拉维王朝也随着图密善之死而告终。

"五贤帝"的黄金时代

罗马帝制传统与老好人涅尔瓦

在政治史上，一位具有雄才大略的皇帝往往会留下一群败家子，而一个暴戾之君死后则通常会出现一个繁盛的新纪元。乖谬诡异的图密善被内侍刺杀之后，弗拉维王朝也气绝而终，罗马帝国历史上最辉煌的"五贤帝"时代则应运而生。

从公元96年年事已高的涅尔瓦被元老院推举为新皇帝，到公元180年哲学家皇帝马可·奥勒留去世，在将近一个世纪的时间里，罗马帝国接连出现了五位励精图治、功高德劭的统治者。在他们薪火相传的精心治理之下，由屋大维奠定了坚实根基的罗马帝国一路高歌猛进，达到了最繁荣昌盛的巅峰状态。在此期间，罗马帝国的版图拓展到了最大化（约为590万平方公里），军力强大（罗马帝国长期保持着28个军团戍守边疆），边防稳固，威震四海。国内经济发达，人民安居乐业，罗马总人口超过了 5 000 万，许多人的寿命都达到了 60 岁以上。国家的公共建设和文化事业也兴旺发达，罗马文明如日中天，光芒万丈。18 世纪英国杰出的历史学家爱德华·吉本对"五贤帝"时代赞誉道：

> "假如请人指出，在历史上究竟哪段时间人类最快乐最幸福？他会毫不犹豫地说，从涅尔瓦就位到奥勒留死亡这段时间，他们当政时期的政府都是以人民幸福为宗旨。"

罗马帝制自从被屋大维开创以来，一直处于摸着石头过河的实验过程中。屋大维虽然在长达 44 年的执政期间卓有成效地奠定了元首制的政体根基，并通过权力的传承延续了帝制的衣钵，但是他所建立的尤利乌斯 – 克劳狄王朝从提必略当政晚期就开始不断地出现统治危机。凶残暴戾的卡利古拉乘人之危抢班夺权，仅仅统治了不到四年就遇刺身亡；懦弱平庸的克劳狄乌斯倚重元老院得以长治久安，然而最后还是被人毒死。至于尼禄，更是因其荒唐怪僻的行径而引起罗马人民的共愤，最终不仅身首异处，而且还葬送了屋大维殚精竭虑所建立的尤利乌斯 – 克劳狄王朝。但是由于屋大维已经牢固地确立了帝制的政治规范和制度架构，再加上罗马元老院已经沦为如蚁附膻、唯命是从的皇帝附庸，所以卡利古拉、尼禄等人的暴毙并没有动摇罗马帝制的传统。在皇帝的残暴统治所激起的反抗浪潮中，罗马元老院和封疆大吏可以使用武力来推翻无道昏君，却不可能使罗马再恢复到遥远的共和政制，因为罗马人已经习惯于皇帝的统治了。卡利古拉一命呜呼，可以换一个尤利乌斯－克劳狄乌斯家族的人来继续统治国家；当这个家族实在断绝了血脉（如尼禄），那就只能遵循丛林法则，强者为王。弗拉维王朝就这样在尤利乌斯－克劳狄王朝的尸骸上建立起来了。

现在轮到弗拉维王朝重蹈覆辙了，图密善像尼禄一样不得善终，弗拉维王朝也和尤利乌斯－克劳狄王朝一样气数已尽，后继无人。但是，帝制的传统已经成为历史的惯性，不可移易，除了皇帝，无人能够驾驭这个庞大的帝国。于是，因图密善暴卒而扬眉吐气的元老院必须重新找一个合适的人选来接替帝位，帝国的时运就这样砸到了老好人涅尔瓦的头上，罗马帝国的黄金时代也由此阴差阳错地开启了。

马可·科塞乌斯·涅尔瓦（Marcus Cocceius Nerva，公元 30 年—公元 98 年）出身于罗马硕果仅存的古老名门之一，该家族的男性世世代代均为罗马元老，而且多有学识渊博之士。涅尔瓦的祖父曾是提必略最为知己的私友，长期与提必略一起隐居在卡普里岛谈玄论道。涅尔瓦的父亲出任过卡利古拉时代的执政官，并与尤利乌斯－克劳狄王朝建立了姻亲关系。涅尔瓦在年轻时曾深得尼禄皇帝的信任，和这位荒唐的皇帝一起热衷文艺、纵情声色，并于公元 65 年被尼禄提名出任了罗马执政官。韦斯巴芗奉尼禄之命前往犹太平叛时，曾把幼子图密善托付给好友涅尔瓦照料；后来韦斯巴芗与维特里乌斯争夺帝位，也曾得到在元老院里举足轻重的涅尔瓦的大力支持。韦斯巴芗称帝后，涅尔瓦再度出任执政官。后来在图密善掌权的后期，这位暴戾之君为了协调与元老院的紧张关系，又一次选择了老成稳健的涅尔瓦作为自己的同僚执政官。由此可见，涅尔瓦不仅是弗拉维王朝的三朝元老，而且还是尼禄时代的前朝旧臣，在罗马政坛上可谓是根深蒂固，声望甚高。

老好人涅尔瓦

公元 96 年图密善皇帝死于非命，元老院在经历了一阵兴奋的狂欢之后很快就把图密善的同僚执政官涅尔瓦推上了帝位。当时涅尔瓦已经是 66 岁高龄，早已到了赋闲归乡、颐养天年的岁数。罗马元老院之所以当机立断地把这位垂垂老叟推举为皇帝，一来是由于他优越的身世背景和丰富的政治阅历（此时他正在担任一人之下、万人之上的罗马执政官），二来则是因为涅尔瓦性情温和且年迈无嗣，是一个最为合适的过渡性人选。元老院在面对图密善被刺身死的突发情况时，为了安抚人心，尤其是安抚拥戴图密善的士兵（图密善曾因给罗马士兵增加薪俸而受到军队的热爱），控制罗马的政局，必须推举出一位广大民众和行省军队都能够接受的中庸角色，而年高德劭的涅尔瓦正好符合这个要求。

于是，对于帝位毫无觊觎之心、已经准备告老还乡的涅尔瓦就这样鬼使神差地被推上了皇帝的宝座。涅尔瓦果然不负元老院的厚望，上台后即修复与元老院的关系，采取了一系列轻徭薄赋、开源节流的政策措施，缓解民间疾苦，推动经济发展，为"五贤帝"时代的繁荣昌盛奠定了最初的基础。

涅尔瓦虽然资历深厚，与元老院关系密切，但是他长期以来都是担任文职，在罗马军队中缺乏根基，而此时罗马的政治在很大程度上取决于军心的向背。早在共和国后期，军队就开始作为一支重要力量登上了政治舞台。到了屋大维建立帝制之后，军队更是成为皇帝权力的重要支撑，掌握军权的行省总督都是皇帝的心腹爪牙，近卫军更是皇帝赖以维系集权统治的私人利器。老于世故的涅尔瓦深知此中三昧，面对蠢蠢欲动的行省军队和桀骜不驯的近卫军团——军队中始终涌动着为图密善复仇的呼声，近卫军还曾一度绑架了未答应其要求的涅尔瓦，他只有倚重手握军权的重镇大员才能够稳定局势，坐稳江山。因此在登上皇位的第二年，涅尔瓦在参加朱庇特神庙的一次祭祀活动之后，突然对元老和人民宣布了一个重大的决定：他要把上日耳曼军团指挥官兼总督图拉真指定为养子，授予其"恺撒"的称号和保民官的权力，并提名图拉真与自己共同担任公元 98 年的罗马执政官。

就在宣布这个决定的 3 个月以后，公元 98 年 1 月 27 日，只当了一年多皇帝的涅尔瓦寿终正寝，其养子图拉真继位，开始将罗马的黄金时代推向高潮。

图拉真——第一位行省出身的罗马皇帝

图密善被刺当天，元老院之所以会紧急推举与弗拉维王朝没有血缘关系的涅尔瓦成为新皇帝，其中的一个重要原因就是他没有子嗣，不存在子承父业的可能性。元老院仅仅只是把老好人涅尔瓦作为一个过渡性人物，打算待局势稳定之后再从长计议。没想到深藏不露的涅尔瓦突然将图拉真指定为养子和共同执政者，而图拉真不仅手握重兵，而且在罗马上层社会人脉广泛，根基深厚，是一位羽翼丰满的政坛名宿。

马可·乌尔皮乌斯·涅尔瓦·图拉真（Marcus Ulpius Nerva Traianus，公元 53 年—公元 117 年）出身于西班牙南部的殖民小镇意大利卡（Italica），家境殷实，其家族在当地素有名望。他的父亲曾担任韦斯巴芗麾下的军团长，参加了平定犹太的战争，因建有战功而被韦斯巴芗推荐进入元老院，年轻的图拉真也因为父

具有雄才大略的图拉真

亲的升迁而开始步入罗马上流社会。从青年时代起，图拉真就跟随父亲在军中历练，久经沙场，屡建战功，年仅 24 岁就已经在叙利亚行省军队中担任副军团长，独当一面。后来他又相继出任财务检察官，进入元老院，荣升法务官，公元 90 年被图密善皇帝提名并顺利当选为罗马执政官。两年以后，图拉真又被图密善委以担任上日耳曼行省总督的重任，手上执掌着 4 个罗马军团，负责护卫罗马帝国的北部边境。

上日耳曼又叫高地日耳曼，位于今天德国南部地区，是欧洲两大河流多瑙河和莱茵河的发源地和上游区域，首府设在科隆。图密善统治时期曾在莱茵河的美因兹地区与多瑙河的雷根斯堡之间建造了一座日耳曼长城，把南北走向的莱茵河防线与西东走向的多瑙河防线连接起来，二者共同组成了罗马帝国防御北方日耳曼民族的重要边塞。把如此重要地区的防卫重任交给图拉真，可见图密善皇帝对这位心腹大将的信任。

公元 96 年图密善被杀时图拉真尚在上日耳曼镇守边疆，老好人涅尔瓦称帝后并没有改变图拉真的地位，而且很快就将这位手握重兵的帝国大员指定为养子和共同执政者。不久以后，涅尔瓦因病去世，图拉真顺利继位，成为第一个外省出身的罗马皇帝。

图拉真可谓是继奥古斯都之后罗马帝国最杰出的贤君，文韬武略相映生辉，罗马帝国版图在其统治期间拓展到最大化程度。图拉真与此前的罗马皇帝不一样，他出身于西班牙行省。以前的皇帝或者来自罗马的名门望族，如尤利乌斯－克劳狄王朝诸帝；或者出身于罗马的骑士阶层，如弗拉维王朝的皇帝们。虽然身份不尽相同，但是他们都是罗马本地人。即使是在"四帝内乱"时期，外省的军阀们自立为帝，逐鹿中原，但是无论是西班牙总督加尔巴和奥托、下日耳曼尼亚行省总督维特里乌斯，还是犹太军团指挥官韦斯巴芗，他们仍旧都是出身于意大利本土的罗马人，只不过是在外省执掌军权罢了。然而图拉真却不一样，他是一个土生土长的西班牙人。这样就为外省人成为罗马皇帝开启了先例。同时，这个事例也充分说明西班牙

（以及其他较早被罗马人征服的地区）已经日益被罗马文明同化，深度地融入罗马帝国之中。

既然西班牙人可以成为罗马帝国的皇帝，那么北非人、高卢人甚至东方人也同样可以统治罗马。这样一来，不仅狄多女王和汉尼拔的诅咒不久之后就将降临到罗马人头上，而且作为征服者的罗马人很快就要感受到被东方的价值观念、生活方式和宗教信仰征服的滋味了。罗马人在加速推进被征服地区的罗马化改造的同时，也正在潜移默化地经受着被其他地区的文化同化的历程。

图拉真的文治

或许正因为图拉真是一个外省人，没有什么特别的血统或身世可以依凭，所以他才会兢兢业业地治理罗马帝国，创立了许多丰功伟绩。军人出身的图拉真在风华正茂的 45 岁继位称帝，一共统治了 19 年时间。在这段时间里，他无论是在内政方面还是在外事方面，都把罗马帝国推向了巅峰状态。

图拉真在内政方面继承了涅尔瓦的治国方略，与元老院精诚合作，执政期间从未处决和流放过一个元老。自从屋大维开创了"两头政治"以后，元首与元老院之间的关系一直比较和谐。在屋大维统治时期，元老大多是他栽培的亲信，自然对他唯命是从；而屋大维本人也非常尊重元老院的意见。但是后来罗马帝国出现了一些暴君，如卡利古拉、尼禄、图密善等人，他们与元老院之间经常弄得剑拔弩张，势不两立。所以这些暴君死后，往往会受到元老院发布的一种耻辱性的惩罚——"记录抹煞罪"，即把这位皇帝在世时候的一切记录全部从公共场所和人们记忆中抹除掉，就好像这个人从来没有存在过一样。这种侧重于"身后名"的惩罚从一个方面也表明了元老院对皇帝的"生前事"的制约力，所以一些注重功德和名声的皇帝往往会极力维护与元老院的和谐关系。

　　虽然罗马已经实行帝制，但是在一般人民和元老们的心中，罗马仍然是共和国，"S.P.Q.R."的标志在罗马大街小巷随处可见。作为后世的研究者，当然可以明确地把屋大维时代看作罗马共和制与帝制的分水岭，但是对于当时的人们来说，这种界限未必是泾渭分明的。虽然此时已经有了皇帝（元首或奥古斯都），他的权力凌驾于执政官之上，实行终身统治，并且可以指定儿子或养子作为继承人，但是皇帝及其继承人在法理上仍然需要经由元老院和罗马人民的认同和推举。如果确如某些研究者（如蒙森）所言，共和国与王政之间的主要区别就在于两个"年度王"（执政官）取代了一个"终身王"（国王）的话，那么帝制与共和制的差别看起来只不过是一个"终身王"（皇帝）又重新超越了两个"年度王"罢了（而且皇帝本人往往还会长期兼任执政官的职位）。所以对于当时的罗马人来说，即使有了皇帝，罗马仍然还是一个共和国。在这个国家的政治生活中，元老院和罗马人民仍然扮演着重要的角色，"S.P.Q.R."的实质并没有发生根本改变。罗马元老小普林尼曾经有一次在元老院里当着图拉真皇帝的面说道："所谓皇帝，他不应该立于法律之上。相反，法律应该在皇帝之上。"这种在一千多年以后英国大宪章运动中明确表述的"王在法下"原则，在图拉真和小普林尼的时代就被视为罗马元首制的法理实质；至于东方式的君主专制，那是在数百年以后才逐渐取代屋大维开创的元首制的。

图拉真掌权之后，在元老院的积极配合下，大力加强法治建设和行省治理，同时进行财政改革，推动意大利本土的农业发展，设立专项基金鼓励生育。图拉真本人在生活上严于自律，勤奋节俭，崇德亲民。在罗马市内，他无论去哪里公干都从不乘坐车辇，像军人一样徒步而行；在两性关系和私德方面，图拉真同样是无懈可击。诚如盐野七生所评价的："在图拉真身上，你找不出一丝一毫跟邪恶或堕落有关的东西。"他的妻子普洛蒂娜（Plotina）也是一位极具懿德的贤能皇后，始终与丈夫相濡以沫，风雨同舟，成为图拉真皇帝非常信赖的贤内助。

图拉真在内政方面最著名的业绩就是大力推动公共工程的建设，他聘用叙利亚大马士革的著名建筑师阿波罗多洛斯（Apollodorus）——这是一个像达·芬奇一样神奇的古代工艺大师——修建了很多重要的公共工程。例如在达西亚战争中，阿波罗多洛斯奉图拉真之命在多瑙河上修建了第一座大桥。这座被命名为"图拉真大桥"的石质桥梁高 27 米，宽 12 米，全长 1 135 米，堪称古

图拉真之妻普洛蒂娜

代桥梁建筑的典范之作。大桥的桥墩遗址至今仍然伫立在罗马尼亚的塞维林堡岸边，上面镌刻着"Tabula Traiana"（图拉真大桥）的字样。图拉真修建的另一个宏伟工程是阿皮亚－图拉真大道，这条罗马大道从以前阿皮亚大道的终点贝内文托出发，经卡诺萨和亚得里亚海边的巴里，一直通达意大利"靴跟"的重要港口城市布林迪西，与此前修建的另一条从贝内文托经韦诺萨和塔兰托到布林迪西的大道形成了相互呼应的双通道。为了庆贺这条大道

的开通，图拉真还在贝内文托修建了著名的图拉真凯旋门。这座
气势恢宏的凯旋门既是对阿皮亚－图拉真大道的纪念，也是对不
久前结束的达西亚战争的颂扬，甚至还是对 300 多年前罗马人在
贝内文托打败希腊"战术大师"皮洛士的丰功伟绩的一种缅怀。

贝内文托的图拉真凯旋门

此外，图拉真还在尼禄皇宫的废墟上修建了图拉真大浴场。
早在图拉真之前，一些罗马统治者就开始修建公共浴场，如屋大
维的首辅阿格里帕就曾经在罗马万神殿（Pantheon）附近修建了
阿格里帕浴场，尼禄和提图斯也都分别修建过浴场；后来更有

著名的卡拉卡拉浴场、戴克里先浴场等。这些公共浴场都是皇帝本人自掏腰包来建造的，并供人民享用，所以公共浴场在罗马被称为"人民的宫殿"，相当于皇帝给人民创造的福利。罗马人非常喜欢洗浴，不仅到处建有公共浴场，而且也修建了许多引水渠——便于把源源不断的清水引入罗马和其他城市里面。后来罗马帝国的腐败也和浴场文化大有关系，罗马人终年累月泡在浴场里面（浴场往往也附设了风月场所），导致百业荒废，甚至使男性生殖能力下降，最后造成了罗马人口的锐减。当然，这些都是后来演变的情况，在图拉真时代，公共浴场更多还是表现了皇帝的恩德，旨在提高人民的生活质量。

在今天的罗马市中心，人们仍然可以看到图拉真建造的著名的图拉真广场和图拉真市集的遗址。从屋大维时代开始，罗马的皇帝们都喜欢在罗马广场周围修建以自己的名字来命名的广场，例如屋大维为自己修建了奥古斯都广场，为恺撒修建了恺撒广场。后来韦斯巴芗修建了韦斯巴芗神庙和广场，图密善也修建了图密善广场，但是由于图密善死后被元老院处以"记录抹煞罪"，关于他的一切标记都要全部清除掉，所以他修建的广场就改名为涅尔瓦广场了。相比之下，图拉真广场是罗马所有皇帝广场中规模最宏大的，它包括广场、神殿、图书馆及大会堂等。图拉真广场上矗立着著名的图拉真纪功柱，巨大的石柱上面镌刻着宣扬图拉真和罗马战士在达西亚战争中的丰功伟绩的浮雕画面。这根高耸入云的纪功柱至今仍然屹立在罗马人流熙攘的闹市之中，昭示着古罗马帝国的辉煌武功。

　　图拉真广场旁边，还建有一个非常广阔的图拉真市集，那是古罗马人从事经济贸易活动的中心。作为政治中心的图拉真广场、彪炳军功的图拉真纪功柱以及供老百姓日常交易的图拉真市集形成了三位一体的公共场所，与不断扩建的罗马广场形成了珠联璧合之势。后来由于 20 世纪意大利独裁者墨索里尼修建了一条帝国大道，其正好将图拉真广场与罗马广场分割成为东西两部分，它们至今仍然相映成趣。

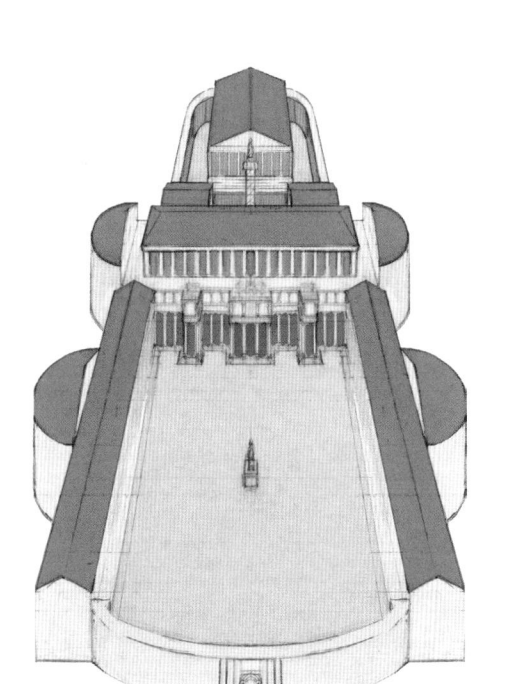

图拉真广场复原图

图拉真市集、图拉真广场和图拉真纪功柱遗址，近处半圆形建筑为图拉真市集，远处是高耸的图拉真纪功柱和图拉真广场废墟

图拉真的武功

屋大维完成统一之后，不仅在国内开创了安定的局面，而且也与帕提亚等周边国家缔结了友好协议，开启了"罗马统治下的和平"。屋大维不像恺撒那样深受"亚历山大综合征"的激励，并非始终想要征服东方，创造更大的光荣。屋大维在消灭安东尼、吞并埃及之后，就与帕提亚人握手言和，在北方则利用莱茵河、多瑙河防线来防御日耳曼人的骚扰，并不主动对外用兵。屋大维曾明确表示，罗马帝国的版图已经够大了，罗马人用不着再进行大规模的对外扩张。提必略统治时期曾明确地把北边的多瑙河和莱茵河、东边的幼发拉底河和南边的撒哈拉大沙漠确定为罗马帝国的边界线（西边则是一望无际的大西洋），不再越雷池半步。此后克劳狄乌斯虽然曾一度侵占了不列颠，但那只是恺撒不屑一顾的蛮荒之地；除此之外，图拉真之前的皇帝们很少再对境外地区发动战争。但是到了图拉真时代，他开始改变屋大维制定的和平政策，再一次发起了大规模的对外扩张，并且取得了显著的战果。

图拉真当政期间主要进行了两场战争，一场是在公元 101 年至公元 106 年的达西亚战争，另一场则是公元 113 年至公元 117 年的帕提亚战争。

达西亚位于多瑙河北岸，北至喀尔巴阡山脉，西边与罗马帝国的默西亚、潘诺尼亚等行省相交界，东部一直延伸到黑海。达西亚人属于色雷斯人的一支，非常强悍善战，经常骚扰多瑙河彼岸的罗马守军和居民。公元 101 年，图拉真动员了拥有 8 万名士兵的罗马正规军团和规模大致相当的辅助部队，对达西亚进行了大入侵。经过前后 5 年的两次战争，双方发生了多场激烈战斗，图拉真亲自率领的罗马军团终于在公元 106 年彻底征服了达西亚。达西亚的首都萨米泽杰图萨遭受了焚城之灾（一说是顽强的达西亚人在绝望中自己放火，以求玉石俱焚），国王德凯巴鲁斯兵败自戕，大量的达西亚人惨遭杀戮或沦为奴隶，其余的达西亚人则被赶出家园，越过喀尔巴阡山向北流散。图拉真动员了罗马帝国治下的许多行省人民移居到达西亚，这个地方从此改名为"罗马尼亚"，意即罗马人的地方。图拉真在这些来自不同地区的新移民中间大力推广和普及拉丁语，因此至今远离意大利的罗马尼亚的语言仍然属于拉丁语系。

关于图拉真征服达西亚的主要历史资料就是今天依然矗立在罗马图拉真广场上的那根巨大的纪功柱。这根纪功柱是由著名的大马士革建筑师阿波罗多洛斯设计建造的，于公元 113 年落成。大理石材质的纪功柱包括基座高达 38 米，直径约为 4 米，柱身自下而上地环绕着总长度超过 200 米的浅浮雕——由 140 多幅独立成篇又相互联系的画面组成，生动翔实地刻画了图拉真和罗马军团从出征到凯旋的全过程。这根高耸入云的纪功柱

图拉真纪功柱上的浮雕画面

和其上的精美浮雕不仅是罗马盛世的艺术经典，而且也真实形象地记录了图拉真和罗马军团的辉煌战绩。

图拉真纪功柱的顶端，据说最初是一只雄鹰的造型，后来改为图拉真的雕像。到了16世纪基督教全盛时期，罗马教皇下令将柱冠上的雕塑改为圣彼得手执两把金钥匙的立像，其一直存留至今。

图拉真征服达西亚之后班师回国，举行了一场空前绝后的凯旋式，身材魁梧、久经沙场的图拉真驾驭着驷马战车接受了围观群众的欢呼膜拜，在罗马人民心中，这位出身于外省的皇帝已经堪与神圣的奥古斯都相媲美了。除了场面盛大的凯旋式之外，罗马还举办了各种角斗竞技和演出活动，壮观的狂欢场面一连持续了 123 天，充分展现了罗马帝国的盛世景象。对于在达西亚战争中所获得的大量战利品，图拉真全部用于罗马的公共建设。这种热衷于宏伟建筑的文化风气后来被图拉真的继承者哈德良进一步发扬光大，从而使罗马城再一次焕发出勃勃生机。

为了表彰图拉真在内政方面和军事方面的卓越成就，罗马元老院决定授予他"至高无上的皇帝"称号，但是图拉真却拒绝了这个荣誉。原因在于，图拉真就如同当年恺撒三次拒绝安东尼敬献王冠一样，认为只有建立了更加辉煌的功勋——征服帕提亚，才能配享这个崇高的称号。像恺撒、安东尼等罗马英雄一样，图拉真心中始终燃烧着征服东方的梦想，始终受到"亚历山大综合征"的驱策。征服达西亚只是小试牛刀，真正大展宏图应该是在东方的战场上。

公元 113 年，就在国内建设告一段落、巨大的纪功柱已经在图拉真广场上竖立起来时，烈士暮年、壮心不已的图拉真又开始御驾亲征，发起了对帕提亚的战争。这次战争虽然没有能够彻底消灭幅员辽阔的帕提亚王国，却成功地将罗马帝国的东部边界从幼发拉底河推进到底格里斯河，从而将两河之间的美索不达米亚平原全部纳入罗马帝国的版图。至此，罗马帝国的东部边境已经拓展到了里海和波斯湾一线，北方疆域也延伸到多瑙河北岸的达西亚地区，南方和西方则以无人之境的撒哈拉大沙漠和浩瀚无边的大西洋为界，整个罗马帝国的版图达到了最大化的程度。对外扩张的气球已经吹到了极限，后面的故事就是它一点点地开始泄气萎缩了。

公元116年，图拉真在东方战场上节节胜利，沿着底格里斯河一路南下，攻占了帕提亚王国的首都泰西封和古代名城巴比伦（亚历山大大帝曾在此地建都）。这时候，图拉真才给元老院写信表示愿意接受此前曾经拒绝过的"至高无上的皇帝"称号。第二年，图拉真继续率军南下抵达了波斯湾，面对着波涛汹涌的大海，年迈的图拉真不禁望洋兴叹，感慨自己年事已高，不可能再实现亚历山大远征印度的宏伟理想了。此时的图拉真已经是64岁高龄，而当年亚历山大大帝率铁骑跨越印度河时尚不及30岁。

图拉真是罗马帝国第一个也是唯一到达过波斯湾的皇帝，亚历山大大帝的恢宏理想从此以后就在罗马人心中逐渐黯淡。就在图拉真引兵东征时，国内的犹太地区又开始发生叛乱。得知消息的图拉真急忙率兵回师，行至小亚细亚的塞留斯就因病辞世，时年64岁。元老院和罗马人民用凯旋式的礼仪迎接他的骨灰归来，图拉真的养子哈德良继承了大位，成为"五贤帝"中承前启后的第三位皇帝。

哈德良继承皇位

图拉真是罗马帝国历史上最杰出的皇帝，其功德业绩可以与屋大维相提并论。他在私德方面也几无瑕疵，生活俭朴，作风清正，一生与普洛蒂娜相敬相爱，白头偕老，罗马从来没有关于他的绯闻流传。然而好人往往也有其不幸之处，图拉真和前任皇帝涅尔瓦一样，一生没有子嗣。由于行伍出身的图拉真身体一向很强健，所以关于接班人之事在帕提亚战争之前始终未曾提上议事日程。一直到临终之时，他才指定了自己的表侄哈德良作为养子和继承人。

普布利乌斯·埃利乌斯·图拉真·哈德良（Publius Aelius Traianus Hadrianus，公元 76 年—公元 138 年）与图拉真一样出身于西班牙，而且两人之间还有亲缘关系，图拉真是哈德良的表叔。哈德良的父亲死得早，临死前指定图拉真和另一位西班牙籍的骑士阿提安作为哈德良的监护人。在图拉真和阿提安的安排下，年仅十岁的哈德良来到罗马接受了良好的教育，他尤其热衷于美轮美奂的希腊文化。及至图拉真称帝后，已经成年的哈德良先后担任过副军团长和财务检察官等职，在图拉真第二次征战达西亚时，哈德良被指派为军团长，跟随皇帝一起参加了战斗。图拉真特别敬重自己的姐姐马尔恰娜，也非常疼爱外甥女马提蒂亚，为了表示对哈德良的器重，图拉真把马提蒂亚的女儿萨宾娜嫁给了他。于是，表侄哈德良又成了图拉真的甥孙女婿，可以说是与图拉真关系最亲近的男性后辈。公元 108 年，年仅 32 岁的哈德良在图拉真的推荐下出任了罗马执政官，可谓是风光无限，前程似锦。

哈德良与图拉真的关系，有点类似于屋大维与恺撒的关系。但是哈德良从少年时代起就表现出与图拉真完全不同的性格特点，图拉真具有典型的罗马男子汉特征，质朴刚毅；哈德良却像尼禄一样偏爱希腊文化，富于感性。从留存至今的罗马皇帝雕像上就可以看出，图拉真与早先

崇尚希腊文化风格的哈德良

的罗马军人一样留着短发，胡须剃得干干净净，显得雄健遒劲；哈德良则蓄有希腊式的卷发和胡须，一副文质彬彬、潇洒浪漫的模样。或许正是由于这种性情上的差异，图拉真一直到身患重病都没有表露出将会把皇权交付给哈德良的迹象。

图拉真麾下有一批多年来与他生死与共的将军，他们对偏爱希腊文化风格的哈德良颇为不屑，这也是致使图拉真对哈德良的态度一直暧昧不明的原因之一。从卸任执政官之后，哈德良似乎一度处于失势状态，并未被授予行省总督的要职，却被派往雅典担任城市主管（雅典执政官）的闲职。但是这对于素来热爱希腊文化的哈德良来说，倒不失为一桩美差，也为他日后尽情发挥希腊化的艺术风格奠定了重要的基础。

公元 113 年，图拉真远征帕提亚，哈德良也和普洛蒂娜、马提蒂亚等皇亲一起随行，并被图拉真任命为叙利亚总督。具有希腊文化情调的哈德良一向与皇后普洛蒂娜以及岳母马提蒂亚关系融洽，图拉真皇帝在临终之前指定哈德良为养子和继承者，或许与这两位女人的作用有关。据盐野七生所述，在图拉真弥留之际，他身边只有皇后普洛蒂娜、外甥女马提蒂亚、近卫军长官阿提安（早年哈德良的另一个监护人）和御医四人在场，而御医却在几天之后神秘地死亡了。

无论是出于图拉真本人的意愿，还是皇后等人的阴谋，图拉真死后宫中马上就传出了传位于哈德良的圣旨。哈德良顺利地成为新皇帝，很快就得到了军队的效忠宣誓，罗马元老院也通过合法程序认可了这个既成事实。哈德良登基之后，立即结束了帕提亚战争，将罗马帝国的东部边界收缩至黑海—幼发拉底河—红海一线。然后他借助阿提安执掌的近卫军，剪除了反对他登基的图拉真手下四位重臣（均为资深元老且出任过执政官），从而与元老院再度陷入了紧张关系之中。哈德良后来在回忆录里讲述了这件事情的缘由，他把责任推诿到年迈的阿提安身上，同时也为阿提安的唐突做法进行了辩护。阿提安被解除了近卫军长官的职务，却以元老的身份安宁惬意地度过了晚年。哈德良也对这件事进行了深刻的反省，并以此作为不断警诫自身的镜子：

> "我的执政生涯从一开始就毁在了自己的手中。在有关我的记载里，这件事永远会出现在第一行，抹也抹不去。它再也不会从我的脑海里消失。元老院——那个伟大又脆弱的政治集团，那个一旦感觉受到威胁就会团结一致的机构，一定忘不了他们的四位同僚因我的命令被杀这一事实。"

正是出于这种警醒的自我意识，哈德良在此后的政治生涯中没有再像尼禄、图密善等皇帝那样滥杀无辜，而是专心致志地投入巩固疆域和发展建设的事业中，大力推行"宽容、和睦、公正、和平"的治国宗旨。然而，元老院却是记仇的，哈德良后来差一点为执政初期的这一暴行付出遗臭万年的惨重代价。

不辞辛劳的巡游皇帝

在"五贤帝"当中，哈德良虽然算不上是最杰出的统治者，但他却是最勤奋辛劳的皇帝。哈德良一共当了二十一年的皇帝，其中大约有三分之二的时间他都不在罗马，而是在全国各地巡游，走遍了罗马帝国的所有区域和边疆防线。图拉真死后，哈德良就对帕提亚人休战罢兵，后来他还主动送还了被图拉真俘获的帕提亚公主。在哈德良统治罗马帝国期间，除了偶尔发生的国内平叛之外，他从来没有发动过对外战争，但是他却在多年的巡视过程中踏遍了罗马帝国的山河大地，视察了分布在帝国四方的几乎所有罗马军团基地，加强和巩固了多瑙河、莱茵河和幼发拉底河上的边防要塞和城池堡垒。

从公元 121 年开始，刚刚称帝四年的哈德良就马不停蹄地从罗马出发，经高卢地区进入莱茵河防线，然后顺河而下行至北海，渡过英吉利海峡深入不列颠，再掉转头取道高卢进入西班牙。在西班牙塔拉戈纳稍作停留之后，他又乘船横穿整个地中海，经西西里、克里岛、塞浦路斯三大岛屿到达叙利亚的安条克，在那里与帕提亚国王进行了交好协商。然后他再经由小亚细亚的爱奥尼亚地区北上，越过达达尼尔海峡进入色雷斯和黑海西岸，从多瑙河的入海口一路沿河上溯至维也纳，巡视了连接多瑙河防线和莱茵河防线的日耳曼长城。最后他又掉头折返，从巴尔士半岛南下，来到他所钟爱的美丽城市雅典，在那里逗留了半年之久，大兴土木，旨在把雅典建设成为一个充满文化魅力的艺术之都。至今人们仍然可以在雅典市内看到的奥林匹亚宙斯神庙、哈德良门、哈德良图书馆等宏伟建筑，都是哈德良留下的大手笔。一直到公元 125 年夏天，哈德良才结束了长达四年之久的漫长巡游，返回罗马。如此大跨度的巡视路线，比起当年恺撒从高卢南下与庞培势力进行决战的大腾挪路线来，也有过之而无不及。

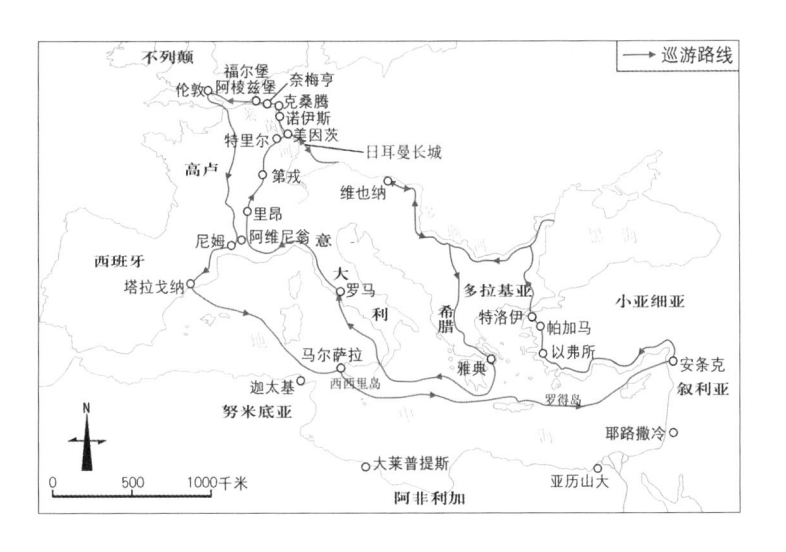

哈德良公元 121 年—公元 125 年巡游路线图

哈德良在雅典所建的奥林匹亚宙斯神庙遗址（远处即为雅典卫城上的帕特农神庙）

　　回到罗马刚刚过完冬季，分秒必争的哈德良再度前往迦太基和北非各军事基地进行视察，历时半年。公元 128 年夏季，哈德良又开始了下一次巡视，这次的主要目的地是东方。他先后视察了雅典、小亚细亚、叙利亚、犹太和埃及等地，其间还平定了犹太人的叛乱，彻底把犹太民族赶出了耶路撒冷。公元 134 年初，哈德良终于回到了阔别六年的罗马，他执政期间最重要的工作——巡游边防和行省——也至此收官。此后的四年里，身体日衰和性情大变的哈德良就基本上待在罗马以及他在蒂沃利的别墅中，过着深居简出的生活，一直到公元 138 年与世长辞。

哈德良巡游并非为了游山玩水，而是旨在加强疆域防务和激励戍边将士，并处理好皇帝与行省长官以及外国首脑之间的关系。伴随他出行的大多是建筑师和专业技术人士，在巡察的过程中协助他不断地完善边防营寨和城市设施。每到一地，皇帝都会去检查鹿寨、视察营房、探望伤患，并且面对镇守将士发表慷慨激昂的演讲，激励他们保家卫国的决心和斗志。时任卡帕多西亚总督的阿里安在一篇短文中记载了陪同皇帝巡视军营时的情形：

> "我们来到了洛希尼岛。这是一个基地，驻扎着由辅助部队士兵构成的 5 个大队。我们一行首先视察了武器库，然后又看了围绕基地的屏障以及在屏障外侧的堑壕，接着看望了伤病员。离开病房后，去仓库了解了粮食的储备情况。同日，我们还视察了附近的城堡及要塞，检阅了骑兵的演习。"

罗马帝国的边防体系在哈德良统治时期得到了极大的巩固，当时罗马常备军团共为 28 个，分别配置在莱茵河、多瑙河、幼发拉底河 3 条防线上，以及埃及、北非、西班牙、不列颠等地区，而意大利、希腊、马其顿和小亚细亚等内地行省均不需要驻军。

28 个罗马军团（拥有约 16 万名士兵的战斗部队和拥有 14 万名士兵的辅助部队）的分布情况如下：

表 2-1　28 个罗马军团的分布情况

防线	行省名称	军团数	军团基地（现在地名）
莱茵河防线	低地日耳曼	2	德国的波恩、克桑腾
	高地日耳曼	2	法国的斯特拉斯堡和德国的美因兹
多瑙河防线	远潘诺尼亚	3	奥地利的维也纳、佩特罗内拉和匈牙利的苏尼
	近潘诺尼亚	1	匈牙利的布达佩斯
	远默西亚	2	塞尔维亚的贝尔格莱德、科斯托拉茨热
	近默西亚	3	保加利亚的斯维什托夫、锡利斯特拉和罗马尼亚的依格里扎
	达西亚	1	罗马尼亚的阿尔巴尤利亚
幼发拉底河防线	卡帕多西亚	2	土耳其的马拉蒂亚、萨达库
	叙利亚	3	土耳其的萨姆萨特、巴尔奇斯和叙利亚的沙玛
	犹太	2	以色列的贝特谢安、耶路撒冷
	阿拉伯	1	叙利亚的布斯拉
其他地区	埃及	1	埃及的亚历山大
	努米底亚	1	阿尔及利亚的龙柏斯
	西班牙	1	西班牙的莱昂
	不列颠	3	英国的卡莱奥恩、切斯特、约克

而不辞辛劳的哈德良皇帝在前后三次巡游中几乎走遍了以上所有防线和军团基地，他的励志勤政由此可见。

在缺乏现代交通工具的罗马帝国时代，长途奔波的鞍马劳顿和夜以继日的视察工作极大地损害了哈德良的身体健康，但是这位事必躬亲的皇帝却乐此不疲。有一次，当哈德良视察某个军团基地时，一位名叫弗罗鲁斯的随行讽刺诗人在晚餐上即兴作了一首打油诗来调侃皇帝的辛劳：

"我可不想做皇帝

整日走在不列颠人中间

往来于（边境）

忍受斯基泰[①]的严寒。"

哈德良皇帝则诙谐地回应道：

"我可不想做弗罗鲁斯

整日进出廉价酒馆

徘徊于酒桶之间

忍受胖蚊子的叮咬。"（盐野七生：《罗马人的故事》）

————————————————————————

① 斯基泰指多瑙河以北的东欧草原。

由于哈德良常年在外巡游，他与元老院的关系也日渐疏远，元老们对他的频繁出行颇有微词，认为他远不如图拉真那样脚踏实地、厚德笃行。然而，尽管皇帝常年不在首都，罗马帝国仍然在元老院的治理下兴旺发达，繁荣昌盛，这恰恰说明了罗马的法治效力，同时也展现了元老院在元首制下的重要作用。

大兴土木的建筑学家

除了不断巡游之外，哈德良的另一个驰名后世的业绩就是大兴土木，在罗马、雅典等地设计建造了很多宏伟的建筑。与热衷于公共工程的图拉真不同，哈德良似乎更偏爱文化性和私人性的建筑。图拉真留下了气势磅礴的罗马大道和桥梁，凯旋门、纪功柱和广场，市集和公共浴场等，这些都是有利于改善国计民生、弘扬帝国精神的宏伟工程；而哈德良则修建了优雅精美的哈德良别墅、罗马万神殿、哈德良陵、奥林匹亚宙斯神庙等殿堂楼阁，它们明显地具有希腊风格和小资情调。由此可见，二者推崇的建筑工程在意境情趣方面是大相径庭的，这种差别也精准地表现了图拉真与哈德良不同的精神特质和性情爱好。

二者的另外一点不同之处在于，图拉真本人并不懂得建筑工艺，他聘用了大马士革的著名建筑大师阿波罗多洛斯来主持各种公共工程的设计和建造，完全放权于后者。然而哈德良本人却是一位别具一格的建筑学家，他尤其欣赏希腊的建筑风格，并且擅长于把希腊（以及东方各地）的建筑形式与罗马人独创的工艺特点——如混凝土浇灌、圆顶拱券等——结合起来，从而产生了一种相得益彰、锦上添花的艺术效果。他亲自设计建造的一些优雅建筑，虽然遭到了阿波罗多洛斯等老一辈建筑师的嘲笑，但是这些建筑却展现了某种创新特色，代表了罗马建筑发展的一个新高峰。其中最具有代表性的建筑就是罗马万神殿和哈德良别墅。

耸立在罗马闹市中的罗马万神殿至今仍然是罗马城的经典性建筑，它就是在哈德良统治时期重建起来的。万神殿最初由阿格里帕始建于公元前 27 年（建在阿格里帕浴场旁边），作为罗马人供奉所有神灵的神圣殿堂。但是经过一百多年的时间，罗马几度遭遇大火，万神殿已经变得面目全非。公元 120 年，哈德良皇帝主持重建万神殿，花了四年多的时间建成。完全重建的万神殿由原来的方形结构变成了更加稳固的圆形结构，上覆半球形的穹顶。大殿平面直径与穹顶高度均为 43.3 米，形成了非常和谐对称的格局。四周墙壁厚达 6 米，穹顶上开有一个直径约 9 米的空洞，澄明的阳光会随着太阳位置的移动从不同角度映射到大殿里面，照得内壁墙面上数以百计的凹形神龛熠熠生辉，使人顿生庄严神圣之感。以前的万神殿是石木混合材质，容易被火焚毁；哈德良则改用了混凝土浇灌技术，当时的罗马人能够浇灌出如此巨大的穹顶，至今仍然是一个奇迹。在万神殿圆形主体的前面，16 根希腊科林斯式石柱分成 3 排顶起了高大的门厅，每根石柱都是用整块的花岗岩制成，柱身高 12.5 米，柱底基座的直径为 1.43 米。万神殿门楣上仍然镌刻着"三任执政官阿格里帕所建神庙"的拉丁文字样，以表示对始建者的尊敬。整个万神殿将希腊式的柱式门廊与罗马人独创的圆形大殿珠联璧合地融为一体，显得崇高典雅、庄严巍峨。时光的流逝并没有损毁这座神圣的殿堂，时至今日，保存完好的罗马万神殿仍然在向人们展示着帝国盛期的辉煌气象。

哈德良在建筑方面的另一个杰作，就是位于蒂沃利古镇——在罗马城以东 30 公里处——的哈德良别墅。这座建筑的修建耗时漫长，从开工到建成几乎覆盖了哈德良三次巡游的全时段。这座极尽奢华且别具一格的皇帝别墅是由哈德良本人亲自设计的，他在巡游帝国的过程中搜集了大量的东方艺术珍品，并且借鉴了希腊、埃及和西亚的各种建筑风格和样式，全将其以浓缩的方式呈现于他的别墅建筑中，形成了一个"万园之园"（类似于中国深圳的"世界之窗"）。这座别墅占地面积广阔，周长就达 5 公里，里面包括宫殿、神庙、图书馆、浴场、剧场、庭园、水池以及各种设施，堪称西方园林建筑的典范。

哈德良在成为皇帝之前就热衷于建筑设计，他的志向就是将希腊的柱式风格和罗马的圆顶拱券结合起来，开创一种全新

的风格。当时，老一辈建筑师阿波罗多洛斯瞧不起他，嘲笑他的圆顶设计不伦不类，将其戏称为"大冬瓜"。但是哈德良这种东西合璧的建筑风格确实别开生面，令人耳目一新。他当皇帝之后就根据自己的艺术旨趣设计建造了在蒂沃利的别墅和万神殿等建筑，据说阿波罗多洛斯后来也因为早年对哈德良的嘲弄而丢掉了性命。

除了万神殿和哈德良别墅之外，哈德良还为自己设计了一座壮观的陵园，即哈德良陵。这座紧挨着梵蒂冈的皇帝陵墓后来在中世纪被罗马教皇当作了避难所，改名为圣天使堡，今天它也是罗马著名的旅游景点之一。哈德良还在雅典建造了一些神庙、图书馆和拱门，并在不列颠修筑了著名的哈德良长城（Hadrian's Wall）。这座建于公元 122 年、全长 118 公里的长城横跨英格兰北部地区，把北方凶猛剽悍的皮克特人隔开。哈德良长城至今虽然已经面目沧桑，残破不堪，但是仍然被联合国列为世界文化遗产。

哈德良执政时推行"宽容、和睦、公正、和平"的治国宗旨，极力效法奥古斯都时代的"罗马统治下的和平"盛况。他不仅加强边防和大兴土木，而且还做了一件盛世之举——他在巡游的间歇期里组织了一批法学家编纂了《罗马法大全》，于公元 131 年完成并出版。这部罗马法典比公元 6 世纪东罗马帝国皇帝查士丁尼下令编纂的《查士丁尼法典》早了近 400 年，成为罗马

法的重要的文献汇编和理论基石；并且哈德良还颁布了一条"永久赦令"，规定只有皇帝才有权力修改和补充法律，他的这种做法极大地得罪了元老院。

美少年与大位传承

人们谈到"五贤帝"的时候，一般都比较侧重于中间的三位。第一位皇帝涅尔瓦只不过是昙花一现，在位不到两年就去世了，但是他却慧眼识珠，将图拉真指定为养子，由此开启了"五贤帝"时代的太平盛世。而第五位皇帝马可·奥勒留则是一位极具悲情色彩的哲学家皇帝，尽管他本人德行高尚，殚精竭虑，却无奈时运不济，在位期间罗马遭受了一系列天灾人祸，帝国也从此走向衰落。因此相对而言，中间的三位皇帝在文治武功和经邦济世方面的业绩更加可圈可点。

"五贤帝"中的第二位皇帝是武功卓著的图拉真，在其统治期间，罗马经济欣欣向荣（很大程度上得益于丰厚的战利品），帝国版图达到了最大化。第三位皇帝是推崇文治的哈德良，他在图拉真奠定的基础上固本安邦，再创辉煌，罗马帝国呈现出太平盛世的繁荣景象。至于第四位皇帝安东尼·庇护，虽然其武功文治不能与图拉真和哈德良相提并论，但是他却守成有加，罗马帝国在他的勤勉治理下达到全盛状态。

　　哈德良虽然热衷于希腊的浪漫文化，但是他在家庭生活方面却和严谨的图拉真一样，一生中只娶了一个女人，即图拉真的甥孙女萨宾娜。萨宾娜没有生育子女，晚年的哈德良也和图拉真一样，面临着选择养子和继承人的问题。

　　哈德良虽然在两性关系上没有什么绯闻传出，但是他却像许多希腊人一样具有恋童癖（盐野七生甚至认为，"只要热爱希腊文化，就会爱上美少年"），他痴迷地爱上了一位希腊美少年安提诺乌斯（Antinous）。在长达七年的时间里，哈德良一直把安提诺乌斯带在身边，但是这个日益长大的美少年却在公元 131 年随同皇帝出游埃及时，掉到尼罗河中被鳄鱼咬死了。伤心欲绝的哈德良聘请了一批希腊艺术家塑造了安提诺乌斯的裸体雕像，这些雕像的优美体态完全可以与希腊诸神相媲美（在罗马只有神的雕像是裸体的）。哈德良不仅喜欢希腊的艺术风格，蓄有希腊式的须发，而且也深受希腊流行的断袖之风浸润。罗马上流社会素来盛行政治联姻，一些权贵私下里也有同性恋倾向，但是一般罗马人对于恋童癖还是嗤之以鼻的。尤其是作为罗马皇帝，更不应沉溺于这种东方的柔靡之风中。以前只有尼禄这样的变态暴君才会公然地表现出同性恋行为（尼禄甚至娶了一个被阉割的奴隶为皇后），因此哈德良与安提诺乌斯的关系再一次激起了保守的元老们的强烈不满。

古罗马帝国的辉煌　第 III 卷　帝国盛衰

美少年安提诺乌斯雕像

希腊虽然被罗马人征服并成为罗马治下的一个地区，但是在文化方面，二者之间却长期存在着格格不入的精神气质。总体而言，罗马人比较阳刚，而希腊人偏于阴柔。罗马人用武力征服了希腊，希腊人则用文化渗透了罗马。随着帝国版图的不断扩大，罗马人在文化上日益变得高雅化，希腊的柔美风格也开始在罗马长驱直入。在哈德良之前，只有尼禄蓄过希腊式的卷发和络腮胡子，而且还因此遭到了许多人的鄙夷和非议。但是从哈德良时代开始，罗马的文化风气发生了明显的变化。哈德良本人及其继承者安东尼·庇护、马可·奥勒留和维鲁斯，以及后来塞维鲁王朝的皇帝们，都开始蓄留希腊式的须发，柔靡绮丽的文化风习也愈演愈烈。可见希腊文化的影响已经深入罗马人的骨髓，令他们无法抗拒了。文明越进化，历史越悠久，文雅之习和柔美之风也就越是所向披靡。文明总是在质朴刚劲中发展壮大，然后又在矫饰奢靡中不断走向腐化。这是一条亘古不变的历史法则。

安提诺乌斯死后，哈德良逐渐步入晚年，他的性情也随着年龄的增长而变得越来越喜怒无常和刚愎执拗。在选择继承人的过程中，哈德良不惜杀死了自己的姐夫及其孙子，从而再一次使元老们想起了他刚刚登基时对四位重臣的谋杀。最后，哈德良指定了一位像安提诺乌斯一样的美男子埃利乌斯（Aelius）为养子，将他提拔为执政官并派往莱茵河前线进行历练。但是这个美男子却是一个病秧子，不久以后就因肺痨而死。此时已经病入膏肓的哈德良只好再做抉择，他在多年前就留意到了一位西班牙籍的聪颖少年马可·奥勒留，这个孩子不仅相貌英俊，而且勤勉好学，但是尚未年满十七岁。为了让这个有为少年将来能够顺利地接班，哈德良指定了仅比自己年轻十岁的忠诚元老安东尼为养子，他的如意算盘是把年逾五旬且没有儿子的安东尼作为一个过渡者，以便在不久的将来把大位传给长大成人的马可·奥勒留。因此，哈德良在指定安东尼为养子时提出了一个条件：安东尼必须同时指定马可·奥勒留和已故的埃利乌斯之子卢西乌斯·维鲁斯为自己的养子。敦厚老实的安东尼接受了这个条件，半年以后，哈德良在那不勒斯的别墅中病逝，安东尼顺利地继承了帝位。

仁慈高尚的安东尼·庇护

虽然哈德良在在位期间把罗马建设得更加宏伟壮丽，他本人也勤勉尽职，四处奔波，但是他的一些做法仍然让元老们颇有看法。尤其是在他的执政晚年，由于脾气暴躁，他动辄就对元老们进行责罚，更是激起了元老院的极大不满。因此当哈德良去世的消息传到罗马元老院时，面对着安东尼提出的将哈德良神化——

此前的皇帝除了被处以"记录抹煞罪"者之外都在死后被神化了——的请求，很多元老明确表示反对，他们甚至要对哈德良处以"记录抹煞罪"。但是在安东尼声泪俱下的恳求下，元老院终于放了哈德良一马，通过了神化哈德良的决议。安东尼也因此得到了"庇护"（Pius）的称号，意即"慈悲者"。

安东尼·庇护（Antoninus Pius，公元 86 年—公元 161 年）出生于高卢的尼姆地区，家境殷富，教养良好，其家族早已跻身罗马权贵阶层，祖父和父亲都曾出任过罗马执政官。安东尼早在图拉真时代就已经步入罗马政坛，历经财务官、元老、法务官等职，在哈德良登基不久后就成为罗马执政官（公元 120 年）。哈德良常年在外巡游期间，安东尼作为其最信任的人之一，曾多年在留守罗马的元首内阁中任职，负责执管行政事务。哈德良去世前挑选继承人时，原本只是打算把年长且忠厚的安东尼当作一个过渡者，没想到后者却成为"五贤帝"中执政时间最长的一位，他统治了 23 年之久（涅尔瓦不到 2 年，图拉真 19 年，哈德良 21 年，马可·奥勒留 19 年）。由于此前图拉真已经把罗马帝国的版图拓展到最大化，哈德良又通过多次巡游巩固了防御体系，因此在安东尼·庇护统治期间，罗马帝国和平稳定，国泰民安，如日中天。如果说图拉真的伟业在于"开拓"与"发展"，哈德良的功德在于"巩固"与"更新"（尤其是在罗马的建设方面），那么安东尼·庇护的政绩就在于"稳定"与"守成"。正是因为图拉真、哈德良开创和强化的基业到了安东尼·庇护时代达到了鼎盛状态，所以"五贤帝"时代也由此得名为"安东尼王朝"。当然，这个安东尼王朝与当年和屋大维争锋的马可·安东尼没有任何关系。

仁慈的皇帝安东尼·庇护

　　安东尼·庇护是一个公正勤勉的统治者，为人谦和，行事稳健，品性高尚。虽然其在执政期间没有什么值得大书特书的丰功伟绩，但是却守成有加，国家安定繁荣，人民安居乐业，兼之时运亨通，风调雨顺，罗马没有发生什么战乱和灾荒。安东尼·庇护也因为性情温良、宽宏仁慈而成为"五贤帝"中最受人敬爱的皇帝。

哈德良当政的大部分时间都不在罗马，而安东尼·庇护在 23 年里却几乎没有离开过首都。哈德良大兴土木，修建了许多宏伟的建筑，安东尼·庇护却一生低调，不尚张扬，他称帝期间在兴建工程方面，除了完成先帝未竣工的哈德良陵园之外，唯一值得提及的就是修建了一座通往哈德良陵的桥梁，即埃利乌斯大桥。该桥梁并没有被冠以安东尼·庇护本人的名字，而是以哈德良喜爱的早夭养子埃利乌斯来命名，由此可见安东尼·庇护的谦虚仁厚。该大桥至今仍然屹立在水流湍急的台伯河上，非常壮观美丽，成为供游客观光的标志性景点之一。

人们今天可以在罗马广场的中心地带看到一座以安东尼·庇护和他的妻子芙斯汀娜命名的神庙，但是这并非他本人所为，而是罗马元老院为了表彰他的功德而建。安东尼·庇护和妻子芙斯汀娜非常恩爱，芙斯汀娜去世较早，安东尼·庇护此后一直未曾再娶，始终与芙斯汀娜所生的唯一女儿（亦名芙斯汀娜）相依为命，后来又将这个宝贝女儿嫁给了养子马可·奥勒留。罗马市内原来还建有安东尼·庇护的纪念柱，可惜今天已经不复存在，但是这根纪念柱的基座被保存下来了，上面镌刻着安东尼和芙斯汀娜升天的景象，表达了罗马人民对这位品性高尚的皇帝的缅怀。

罗马的埃利乌斯大桥（大桥尽头处是哈德良陵）

罗马广场上的安东尼·庇护与芙斯汀娜神庙

古罗马帝国时期 第 III 卷 帝国雕塑

作为养子在安东尼·庇护身边生活了二十多年的后任皇帝马可·奥勒留是罗马历史上最著名的哲学家，他和其养父一样心存仁爱，而且还具有深邃的哲学睿智。在他眼里，安东尼·庇护不仅是一个励精图治的好皇帝，更是一个苏格拉底似的明达高尚的智者，他对其尊敬的养父这样描述道：

"皇帝安东尼从来都是公私分明，举止合宜，没有厚颜无耻的行为，不会言辞激烈地伤害他人。有一个词叫'事无巨细'，对任何事情他都要经过深思熟虑，所以他的言谈举止总是恰如其分，而这又使得他的言行充分表现出和谐、有序和一以贯之。

"每次想到他，色诺芬笔下的苏格拉底就会浮现在我的脑海里。也就是说，他是一个不仅懂得享受快乐的人，也是一个有自制力的人。虽然大多数人往往会经不住诱惑，控制不住自己，从而过度沉溺于享乐之中。

"……他是一个清正廉洁的人，一个有不屈精神的人。"

"五贤帝"有一个共同特点，那就是他们的婚姻生活都比较单纯，他们恪守一夫一妻的原则。哈德良虽然沾染了希腊人的恋童之癖，但是他本人在婚姻方面并没有什么令人诟病之处，他与萨宾娜终究也是白头偕老；图拉真和安东尼·庇护更是与妻子相濡以沫的好丈夫，普洛蒂娜和芙斯汀娜也成为罗马妇女心中的贤妻楷模。而且前四位皇帝正巧都没有亲生儿子，所以只能通过指定养子来传承权力。养子往往都经过精心挑选，久经考验，因此皆能堪当大任。在安东尼·庇护执政的 23 年期间，他一直都将哈德良让他指定的两个养子带在身边，对他们进行良好的教育和艰苦的磨炼。公元 161 年 3 月 8 日，安东尼·庇护寿终正寝，临终前只留下了一句遗言："葬礼不要太隆重！"

于是，安东尼·庇护的养子马可·奥勒留（40 岁）和卢西乌斯·维鲁斯（31 岁）顺利地继位成为罗马帝国的新皇帝。

时运不济的贤帝马可·奥勒留

安东尼·庇护在咽气之前叫人把自己卧室里的幸运女神金像搬到了养子马可·奥勒留的房间里，此举意味着将由后者来接任皇位。但是具有哲学家的睿智和德行的马可·奥勒留却坚持必须由他和安东尼·庇护的另一位养子卢西乌斯·维鲁斯共同担任皇帝，元老院同意了这个请求。这样，罗马帝国就破天荒地出现了两帝并立的情形。

马可·奥勒留（Marcus Aurelius，公元 121 年—公元 180 年）与图拉真、哈德良一样，祖上也是西班牙籍，其家族很早以前就迁居罗马参与朝政。他的曾祖父在韦斯巴芗时代即擢升为罗马贵族，祖父更是哈德良皇帝的心腹重臣，曾经三次担任执政官要职。奥勒留的父亲与安东尼·庇护的妻子芙斯汀娜是亲兄妹，他本人在 17 岁时就被安东尼指定为养子，后来又成为皇帝的乘龙快婿，二者的关系可谓是亲上加亲。安东尼不仅从各地招聘了一批杰出学者——如北非的弗龙托、希腊的阿提库斯等知名哲人——来教导奥勒留，而且一直把奥勒留带在身边，让他耳濡目染地学习治国理政的知识经验。据一位后世英国学者的统计，奥勒留在被指定为养子一直到继任皇位的 23 年间，只有两天的时间是真正离开过安东尼·庇护的。他从未满 19 岁时就开始担任罗马执政官，获得了"恺撒"的称号（相当于"皇太子"），与养父"奥古斯都"安东尼·庇护共同成为罗马帝国的统治者。公元 161 年，已届不惑之年的奥勒留终于顺利接班成为罗马皇帝，他本可以名正言顺地独掌君权，却坚持一定要与安东尼的另一位养子维鲁斯共同执政。这位位极至尊的罗马皇帝在人生实践上却奉行谦卑恭顺的斯多葛主义，就像他热爱和平却不得不长期戎马倥偬一样。时至今日，马可·奥勒留存留给后世的两件最具有代表性的历史遗物就是骑马戎装的青铜雕像和哲学名著《沉思录》。

马可·奥勒留的哲学名著《沉思录》

马可·奥勒留骑马青铜雕像

　　卢西乌斯·维鲁斯（Lucius Verus，公元 130 年—公元 169 年）是哈德良皇帝先前指定的养子埃利乌斯之子，由于其父早夭，所以哈德良在指定安东尼为养子时，附带让安东尼同时指定奥勒留和维鲁斯为其养子，也算是对已故的埃利乌斯的一种抚恤。维鲁斯比奥勒留年少九岁，从小也在宫廷中接受了良好的教育，但是其性格却与兄长大不相同。相对而言，奥勒留深沉稳重，富有皇帝的责任感和哲学家的深邃；维鲁斯则热情奔放，具有豪迈不羁的性情，而且风流浪漫。但是兄弟二人却情意深厚，维鲁斯也非常尊重奥勒留，处处以兄长为先。在一切公共场合，如观看竞技、视察军队等，两位皇帝总是并驾齐驱，罗马民众也为能有这样手足情深的共治君主而深感欣慰。

　　尽管马可·奥勒留是一位尽职尽责的好皇帝，维鲁斯除了有点花花公子的习性之外，也基本上不辱使命，但是他们却时运不济，从登基当年开始就遇上了一系列倒霉的灾祸和战乱。公元 161 年夏季，平时气候干旱的罗马大雨滂沱，不仅导致小麦等农作物颗粒无收，而且引发了台伯河的河水泛滥，罗马人民遭受了百年不遇的大洪灾。就在二位皇帝为洪水肆虐焦头烂额之时，东方叙利亚行省又传来了帕提亚人悍然入侵亚美尼亚的消息，罗马军团遭受到沉重打击，损兵折将。于是两位皇帝只得分头应对，奥勒留坐镇罗马处理救灾抚恤工作，较年轻的维鲁斯挂帅上阵，御驾亲征。自从图拉真东征之后，罗马人已经有近半个世纪没有与帕提亚人发生正面冲突了。初出茅庐的维鲁斯虽然缺乏军事经

共治皇帝维鲁斯

验，但他却在一批长期戍边的职业将军的辅助下获得了战场上的主动权，罗马人一度把兵锋推进到底格里斯河东岸。帕提亚王国遭受到沉重打击，此后数十年间再也不敢贸然进犯罗马帝国的东方疆域，其国运亦由此走上了无可挽回的衰亡之路，不久以后就被新兴的波斯萨珊王朝取代。

公元 166 年，为时五年的帕提亚战争胜利结束，维鲁斯率领罗马军团凯旋；在罗马城里，大洪灾也早已成为过去，罗马似乎已经否极泰来。在庆祝胜利的凯旋式上，奥勒留和维鲁斯并肩驾乘着驷马高车，受到了罗马民众的热情欢呼。然而，没想到得胜之师却从东方带回来了一种可怕的瘟疫，这种疯狂肆虐的传染病引发了继公元前 430 年雅典瘟疫——正是这场瘟疫导致了雅典在伯罗奔尼撒战争中的战败——之后最可怕的疫灾，无数罗马生灵死于非命，许多回到多瑙河、莱茵河防线的士兵也未能幸免。

按照以往举行罗马凯旋式的惯例，驾驭驷马高车的凯旋将军会身穿戎装，头戴花冠，单独驾驭马车接受群众的欢呼。他的身后会站立着一个奴隶，不断地提醒他一句话："不要忘记你终将难逃一死！"这个场面具有非常重要的警醒作用，旨在告诫凯旋者祸福相依，切勿得意忘形。然而在公元 166 年举行的凯旋式上，奥勒留和维鲁斯携妻同乘一辆马车尽享荣耀，那位奴隶却被挤走，因而也就没有人在凯旋者耳边提示这句话了。或许正是由于这种警诫的缺席，罗马人遭受了死神的摧残。

这场瘟疫虽然不及 14 世纪意大利流行的黑死病那样厉害，但是也有成千上万的罗马人被瘟神夺去了生命。更有甚者，由于多瑙河、莱茵河前线的士兵也纷纷罹病身死，河流彼岸的日耳曼人也开始蠢蠢欲动了。

在马可·奥勒留的统治时期，北方的日耳曼人已经形成了好几个较大的部落集团，虎视眈眈地觊觎着富庶的罗马帝国疆域，并且经常对罗马边境的守军和居民发起攻击。公元 168 年，马可·奥勒留第一次离开罗马对日耳曼民族进行亲征，同行的还有皇弟维鲁斯。第二年初，维鲁斯患病身亡（疑似脑出血），奥勒留带着皇弟的遗体返回罗马举行了国葬，将其骨灰安放在哈德良陵园中。不久以后，北方边境烽烟再起，日耳曼族的马尔科曼尼人越过多瑙河上游，翻越阿尔卑斯山脉进入北意大利地区，劫掠了罗马重镇阿奎莱亚；另一支蛮族科斯特波奇人则从多瑙河下游长驱直入，进入希腊半岛大肆烧杀掳掠。以往都是罗马人越过多瑙河和莱茵河去攻打日耳曼人，现在却是日耳曼人第一次冲过边防线，侵入罗马帝国境内。从公元 172 年一直到公元 179 年，马可·奥勒留率领罗马军团与日耳曼人进行了两个阶段的激烈战争，费了九牛二虎之力终于把日耳曼民族赶回到多瑙河北岸。为了庆贺胜利，罗马人在首都修建了一根类似于图拉真纪功柱的奥勒留圆柱，但是日耳曼人再度入侵的威胁却像阴霾一般笼罩在渐生疲态的帝国头顶上，从此罗马人更要小心提防。

矗立在罗马"琴奇宫"(首相府)广场上的奥勒留圆柱

一波未平，一波又起，就在奥勒留疲于奔命地应对日耳曼人入侵的乱象时，罗马驻叙利亚总督卡西乌斯在误听皇帝已死的谣言的情况下，在东方自立为帝（公元 175 年）。虽然这场反叛很快就被平息了，但是不祥的消息无疑又给了焦头烂额的奥勒留皇帝当头一棒。尽管马可·奥勒留富有睿智，品行高尚，而且励精图治，勤勉笃行，然而罗马帝国却在他的统治下开始绽露出国运日衰的种种迹象。这或许是由于时运不济，也或许是哲学家当皇帝的必然结果。德国著名罗马史专家蒙森认为奥勒留的本性是"思考重于行动"；叙利亚总督卡西乌斯进行叛乱的一个重要理由，就是耽于哲学思考的奥勒留不适合管理国家：

> "沉迷于哲学的马可·奥勒留虽然热衷于探求人类的善念、正直与公平，可是却对国家为何物、怎样发挥其功能等问题漠然置之。非常遗憾，我们国家所需要的却是剑与法，正如先祖示范给我们的一样。"

悲观主义的哲学家皇帝

古希腊哲学家柏拉图曾经在《理想国》里表述了一种"哲学王"的理想，他认为除非哲学家变成了国家中的国王，或者被叫作国王或统治者的那些人能够用严肃认真的态度去研究哲学，使得哲学和政治能够结合起来，否则国家就永远不会得到安宁，全人类也不会免于灾难。"哲学"（philosophy）一词最初源于希腊语，是"爱"（philo）和"智慧"（sophia）二词的复合语，意即"爱智慧"；而"哲学家"（philosopher）则是指爱智者，苏格拉底就是第一个自称为"哲学家"的人。然而令人遗憾的是，柏拉图关于哲学家成为国王或者国王精通哲学的"理想国"从来就没有成为现实，虽然他的学生亚里士多德曾经培育了一位伟大的帝王亚历山大。马可·奥勒留无疑是罗马帝王中最富有智慧的人，也是罗马历史上屈指可数的哲学家，他的睿智、德行、勤勉和能力都无懈可击，但是"五贤帝"时代的辉煌却从他开始日益黯淡。尤其是作为一位通晓人生哲理的斯多葛主义哲学家，奥勒留却选择了一个丧尽天良的继承人——他的独生子康茂德，从而把罗马帝国急速地推向了历史的深渊。从这个活生生的例证来看，柏拉图的理想国无异于痴人说梦，也许哲学家更应该远离政治，而不是参与政治。

优雅而深刻的希腊文化对于罗马社会的渗透是渐次展开的，从感性层面逐渐深入理性层面：最初是奥林匹斯多神教信仰，然后是文学艺术和生活方式，最后才是深邃的哲学思想。作为一个追功逐利和残暴嗜血的民族，罗马人的天性中是缺乏哲学素质的，哲学原本是悠闲浪漫的希腊人的独特精神禀赋。但是随着罗马人日益在文化上效法希腊的风雅，希腊哲学也开始为一些罗马上流人士所趋附，于是罗马帝国时期就出现了塞涅卡、奥勒留这样的权贵哲学家。但是由于秉性所致，罗马人并没有发展出独具特色的本土哲学，仅仅是以一种邯郸学步的方式模仿和延续了希腊人开创的哲学思想，如柏拉图主义、伊壁鸠鲁主义和斯多葛主义等。在罗马帝国的盛期，豪华奢靡的主流社会中最时髦的哲学思想就是宣扬人生无谓、审时顺命的斯多葛主义，其奉行者中，最杰出的三位哲学家当数尼禄的老师塞涅卡、获释奴隶爱比克泰德（Epictetus，约公元 55 年—公元 135 年）和皇帝马可·奥勒留。

斯多葛主义宣扬世界理性或"逻各斯"（Logos），将其视为万物所遵循的"命运"，人作为宇宙的组成部分也分享了这种理性精神，每个人的灵魂都是世界理性的一点火花。斯多葛主义的核心思想可以概括为八个字，即"顺应自然，服从命运"。塞涅卡有一句名言："愿意的被命运领着走，不愿意的被命运拖着走。"据说他每晚睡觉之前都要三省其身，检讨一下自己是否在这一天里做过不符合道德的事情，然后才能安然入眠。但是这位一人之下、万人之上的斯多葛主义哲学家却似乎有些言行不一，他不仅在政治上曾为暴君尼禄出过一些损招，而且敛财有方、富甲天下，最后因遭到阴谋指控而被自己的学生逼迫自杀。另一位著名的斯多葛主义哲学家是爱比克泰德，他是一位获释的奴隶，由于早年经历过人生苦难，后来又因开办学园、传述哲学而声名远扬，所以更加知晓人生的酸甜苦辣和荣辱悲欢。爱比克泰德大力宣扬随遇而安、顺势而为，勿与命运相抗争的悲观思想。在他看来，人生就如同演戏一样，演员在舞台上演主角还是演配角，演两场还是演三幕，这一切早就被剧本和导演规定好了，而自然就是生命的恒常剧本，命运则是人生的总导演。所以人们对待一切处境和际遇都要逆来顺受，如果试图改变自然和命运的安排，其结果只能是自取其辱。

罗马第三位杰出的斯多葛主义哲学家就是马可·奥勒留。与前面两位哲学家不同，马可·奥勒留是罗马帝国至尊无上的皇帝，因此他的悲观主义哲学显示出更加博大恢宏的气势，具有宇宙一般浩渺的视域和黑洞一般深邃的彻悟。他留下了一部传世之作《沉思录》，这本书其实是他在率领罗马军队抗击日耳曼人侵扰的战争过程中所写，与恺撒的《高卢战记》颇为相似，但是二者的内容却大相径庭。《高卢战记》主要讲述了恺撒四处征战的真实历程，是一部语言清新、风格明快，具有鲜明纪实特点的历史杰作；《沉思录》则阐发了对宇宙本质和人生意义的深刻反思，是一部文笔优美、思想深邃，极具文学修辞特色的哲学名著。时至今日，《沉思录》仍是享誉世界的畅销书。

一位皇帝在权势方面已经达到了人生的巅峰，但是他却表达了一种极其深邃透彻的悲观生存态度。这种彻心透骨的悲观主义不同于弱势人群的生活悲观，它绝非改善现实的生活处境就可以消除的。这是一种高屋建瓴的、"曾经沧海难为水"的大彻大悟，具有洞悉宇宙本质和人生真谛的醍醐灌顶之妙。兼之文辞极其优美，情感非常真挚，使人读后不仅获得了思想上的开悟，而且也享受到美的陶冶。

在这部写于马鞍上的人生反思录中，马可·奥勒留把悲观的境界提升到形而上学的高度，从一种宇宙学的宏大视野展示了人生的渺小无奈。在他看来，人无论是贵为帝胄，还是贫如乞丐，都不过是一点灵魂承载着一具尸体而已。空间是如此的广阔无垠，时间是如此的延绵无限，而我们每个人却只是在时空交集的某一瞬间如同流星般闪现，又如同萤火般熄灭。因此人生在世，富贵荣华不过南柯一梦，苦难浩劫宛如过眼烟云，重要的是始终保持灵魂的纯净与安宁，不畏浮云遮望眼。

按照今天的宇宙大爆炸理论，宇宙自从大爆炸以来已经演化了137亿多年，以后还不知道要继续发展多少年；从空间上看，偌大的银河系在整个宇宙中不过是沧海之一粟，而太阳系和地球更是微不足道。在如此广袤的时空中，我们这一生不过是弹指一挥间，如同朝菌、蚍蜉一般朝生暮死。如此想来，人生中还有什么放不下的？还有什么世事值得斤斤计较？因此，一个有智慧和德行的人就应该在一切方面顺应自然，服从命运。

下面摘录几段马可·奥勒留在《沉思录》里的名言，以飨读者：

"亚历山大、庞培、恺撒一生征战，毁灭了多少城市，在战场上砍杀了成千上万的马匹士卒，可他们自己终归仍然追随死人而去。

"在人的生活中，时间是瞬息即逝的一个点，实体处在流动之中，知觉是迟钝的，整个身体的结构容易分解，灵魂是一涡流，命运之谜不可解，名声并非根据明智的判断。一言以蔽之，属于身体的一切只是一道激流，属于灵魂的只是一个梦幻，生命是一场战争，一个过客的旅居，身后的名声也迅速落入忘川。

"属人的事物是多么短暂易逝和没有价值，昨天是一点点黏液的东西，明天将成为木乃伊或灰尘。那么就请自然地通过这一小段时间，满意地结束你的旅行，就像一颗橄榄成熟时掉落一样，感激产生它的自然，谢谢它生于其上的树木。"

公元 180 年 3 月 17 日，病痛缠身却仍然坚持在前线指挥日耳曼战争的奥勒留皇帝像一颗熟透的橄榄一样从生命之树上掉落，在临终前的几天里他就开始拒绝进食和服药，以一种典型的斯多葛主义者的生存姿态平静地迎接死神的到来。马可·奥勒留是"五贤帝"中的最后一位明君，富有哲学家的智慧和美德，但是他从当皇帝之日起就不断地遭受命运的戏弄，疲于应对各种内忧外患，不得不常年在颠簸的马背上进行哲学的沉思。他在坎坷之中充分展现了一个斯多葛主义者的思想风采，但是罗马帝国却在"哲学的黄昏"中日薄西山。

19 世纪德国大哲学家黑格尔有一句名言："密涅瓦的猫头鹰只有在黄昏时才起飞。"密涅瓦即希腊智慧女神雅典娜，她的猫头鹰乃是智慧的象征。然而，当"密涅瓦的猫头鹰"开始高高翱翔之际，时代的黄昏也就要降临了。

在颇具悲剧意味的哲学家皇帝之后，罗马帝国又出现了一位极富闹剧色彩的角斗士皇帝，历史的命运就是如此吊诡地开始戏弄每况愈下的罗马帝国。

角斗士皇帝康茂德

作为一个悲观主义哲学家，马可·奥勒留最大的悲哀就是生了一个亲儿子。"五贤帝"中的前四位皇帝都没有亲生子嗣，所以他们都指定了养子来继承帝位。这些养子经历了长期的政治考验，堪当重任，由此才维系了"五贤帝"时代的伟业相续。然而，这种传贤不传子的传统到了马可·奥勒留这里却中断了，这位善良的哲学家皇帝在临终时把皇位传给了他的亲生儿子康茂德；更加悲哀的是，这个独生子是一个彻头彻尾的败家子。

马可·奥勒留的妻子是安东尼·庇护的女儿，她和母亲一样名叫芙斯汀娜。关于这位妻子的德操，史家们有各种不同的说法，有人认为她经常背着马可·奥勒留红杏出墙，也有人认为她与丈夫恩爱一生。芙斯汀娜一共为奥勒留生了 14 个孩子（包括两对双胞胎），但是这些孩子大多早夭了，最后仅存活下来 6 人，其中有 5 个是女孩子，唯独只有一个儿子，这就是著名的角斗士皇帝康茂德。

美国曾经出品过两部风靡娱乐圈的史诗级大片《罗马帝国衰亡史》和《角斗士》，这两部电影里的反派主角都是以康茂德为原型的。康茂德是一个四肢发达、格斗勇猛却对治国理政不感兴趣的皇帝，从少年时代起就沉溺于主要由奴隶和战俘所从事的角斗活动。尼禄当年不顾罗马权贵们的反感而登上舞台充当戏子，康茂德则在众目睽睽之下进入罗马竞技场表演角斗，炫耀他的强健体魄和高超武艺。罗马有一尊著名的雕像传神地表现了这位角斗士皇帝的风采——身披狮皮、手持大棒的康茂德俨然一副希腊大力士赫拉克勒斯的模样。他本人在许多场合都声称自己实际上是朱庇特的儿子，是赫拉克勒斯在罗马的再世。

卢西乌斯·奥勒留·康茂德（Lucius Aurelius Commodus，公元 161 年—公元 192 年）出生于马可·奥勒留的登基之年，他在少年时代就跟随父亲出征日耳曼地区，年满 15 岁即开始担任罗马执政官，并成为与奥勒留享受同等权力的"共治皇帝"。公元 180 年，奥勒留在多瑙河前线的维也纳病逝，临终前让诸位将

貌似赫拉克勒斯的康茂德雕像

领宣誓效忠康茂德，于是 18 岁半的康茂德就继位成为罗马帝国的新皇帝（电影中关于康茂德杀死濒危状态的马可·奥勒留的情景乃为艺术杜撰）。

康茂德称帝后立即停止了已经取得战场优势的日耳曼战争，率军返回罗马。在此后的 11 年统治期间，这位热衷于角斗的皇帝既没有取得任何军功，在罗马内政方面和建设方面也乏善可陈，他唯一感兴趣的事情就是在大庭广众之下显示自己的角斗技能和赫赫神威。康茂德登基两年后，遭遇了一场由其姐露西娅策划的未遂暗杀阴谋（原因仅仅是露西娅妒忌皇后的名声）。从此以后，性情大变的康茂德就一意孤行地走上了暴君之路。他开始对一些元老和前朝旧将进行屠杀和流放，其中包括他的姐姐露西娅和另外的三位姐夫。如同惊弓之鸟的康茂德平时深藏在戒备森严的皇宫和别墅中极尽淫乱奢靡之乐，基本上不参加元老院会议或其他政治活动，却频频出现在民众聚集的斗兽场和大竞技场中，通过血腥的角斗活动来博取人民的欢呼。政务荒疏的康茂德皇帝任用了一位获释奴隶库雷安德罗斯为近卫军长官，由他全权处理元老院事务和各种国家大事。这位一夜暴发的宠臣手中执掌着一万名拱卫首都的近卫军，利用皇帝的信任来卖官鬻爵，剪灭异己。群龙无首的元老院在无道昏君和狂傲佞臣的暴政下唯唯诺诺，噤若寒蝉，元老身份和高官职位已经沦落为一位获释奴隶手中待价而沽的商品，库雷安德罗斯甚至还获得了"元老院之父"的尊称。在专制的高压之下，作为"罗马帝国的良心"的元老院已经败坏至此，整个罗马帝国再度堕入尼禄时代和图密善时代的暴戾氛围中。

　　一个富有睿智的哲学家皇帝生下了一个头脑简单的角斗士皇帝，从罗马帝国的发展历程来看，二者之间的过渡恰恰代表了一个划时代的历史转折点。如果说马可·奥勒留时代意味着罗马盛世的终结，那么康茂德时代则标志着罗马衰亡的开端。正因为如此，18世纪英国杰出历史学家爱德华·吉本的名著《罗马帝国衰亡史》就是从康茂德时代开始书写的。在爱德华·吉本看来，康茂德并非从一开始就具有邪恶的本性，"自然所赋予他的实际是一种怯懦而并非罪恶的天性。他头脑简单、生性怯懦，使他很容易成了侍候他的人的奴隶，他们也便极力使他日趋败坏"。正是康茂德的这种根植于怯懦天性、生长于谗佞环境中的邪恶暴政，开启了罗马帝国迅速衰亡的历程。

古罗马著名历史学家卡西乌斯·狄奥正好生活在康茂德时代，并且与康茂德皇帝同为罗马元老院议员。狄奥在其巨著《罗马史》中记载了康茂德亲自参加角斗活动的精彩场面，同时也反映了这位皇帝的暴戾嚣张特点：

　　"那天在竞技场，我们元老院议员都坐在观众席的前排，欣赏皇帝的武艺。当时康茂德的对手是一只大得令人难以置信的鸵鸟。面对冲过来的鸵鸟，康茂德只一挥刀，立刻就把鸟头斩落。随后他以骄傲的表情转向元老院议员们，将手中的利剑从左向右一挥，好像在说：'只要我愿意，你们的人头也会像这只鸵鸟一样，瞬间落地。'

"这真是可怕的一幕，同时也有些滑稽。议员们反而笑了起来，笑声从元老院议员专用席的一边传到了另一边。"

当皇帝康茂德自贬身份到罗马斗兽场上去扮演角斗士的时候，他身边的奴隶佞臣们也就摇身一变而成为真正的主子。但是只要反复无常的皇帝存在一天，笼罩在谄谀之徒头上的恐惧感就会使他们一日不得安宁，深恐宰杀猛兽和元老的刀剑终究会落到自己的头上。这些弄权的内廷奸佞既然可以借助皇帝的名义去滥杀国家栋梁，也同样可以施用阴谋手段来铲除六亲不认的暴君。公元 192 年 12 月 31 日，几度逃过暗杀的康茂德终于被他的情妇马西娅、内侍埃克勒科图斯和一位摔跤教练谋害。近卫军长官莱塔斯得知实情后当夜就与元老院的资深议员们达成了共识，大家推举与康茂德同任执政官的柏提纳克斯为继任皇帝，就像当年图密善被杀之后元老院临时推举在任执政官涅尔瓦继位一样，但是这位年迈的新皇帝并没有像涅尔瓦那样开创出一个新的太平盛世。

元老院对于已死的康茂德处以"记录抹煞罪"，从而使他成为继尼禄、图密善之后第三位遭受到这种可耻惩罚的罗马皇帝

（虽然后来塞维鲁为了表明自己的统治继承了安东尼王朝的正统性，又迫使元老院取消了判处康茂德的"记录抹煞罪"）。暴君再一次遭受到应得的惩罚，但是罗马帝国的乱象却并没有随着康茂德的暴毙而结束，整个帝国陷入了更加深重的危机之中。

第 III 章

罗马帝国的衰亡

马可·奥勒留之死意味着"五贤帝"治下的黄金时代的终结，而康茂德被杀则开启了罗马乱世的序幕。在经过了一段军阀混战的内乱之后，塞维鲁王朝应运而生。但是好景不长，这个带有北非（迦太基）复仇色彩的王朝经历了四代帝王的残暴统治之后，很快就土崩瓦解了，罗马帝国从此陷入了深重的"3世纪的危机"之中。在长达半个世纪的时间（公元235年—公元284年）里，罗马帝国乱象丛生，"兵营皇帝"层出不穷，元老院形同虚设，国家完全沦为军人手中的玩物。罗马在经历了共和制的危机之后，又开始面临元首制的危机了。如果说屋大维用具有妥协特点的元首政制平稳地取代了沿革四百多年的共和政制，那么戴克里先则用东方式的君主专制彻底地颠覆了罗马传统的共和—元首政制。在经历了迦太基的酷烈报复之后，罗马帝国开始沦丧于东方（埃及、巴比伦、波斯等）的专制暴虐和奢靡颓丧之中，终致在北方日耳曼民族的冲击之下土崩瓦解，灰飞烟灭。

第 1 节

塞维鲁王朝与"3 世纪的危机"

诸帝争权的内乱

角斗士皇帝康茂德死后，安东尼王朝也随之终结，罗马帝国再一次像暴君尼禄被杀、尤利乌斯 – 克劳狄王朝终结时一样，陷入了争权夺利的内乱之中。公元 192 年的最后一天康茂德被情妇和内侍谋杀而死，第二天即公元 193 年 1 月 1 日，已经 66 岁高龄、与康茂德同为执政官并在军中享有威望的普布利乌斯·赫尔维乌斯·柏提纳克斯（Publius Helvius Pertinax，公元 127 年—公元 193 年）就被近卫军长官莱塔斯和元老院共同推举为新皇帝。柏提纳克斯是意大利一位获释奴隶的后代，早年充军，通过个人的出色表现，从军队基层一路升迁，历经元老院元老、行省总督、罗马市政官等要职，并在公元 192 年与皇帝康茂德共同担任了罗马执政官。这位出身寒微、一生谨慎的年迈老叟在毫无准备的情况下被天上掉下来的馅饼砸中，成为罗马帝国的皇帝。因此他甫一上位，即试图恢复哲学家皇帝马可·奥勒留的治国方略，与元老院精诚合作，克己奉公。但是他却忘记了近卫军在帝国政治生活中的重要作用，忽略了对扶持他上台的近卫军长官莱塔斯的犒劳。于是，已经被康茂德宠坏了的近卫军在莱塔斯的煽动之下袭击了皇宫，仅仅称帝87天的柏提纳克斯被刺杀而死。莱塔斯和弑君的士兵们在近卫军营地策划了一场帝位竞标拍卖，出价高者为帝，经过一番竞逐，帝位最后由前阿非利加总督马可·狄第乌斯·尤利安努斯（Marcus Didius Julianus，公元137年—公元193年）竞得。这个荒唐的竞争结果在近卫军的胁迫之下被元老院接受，但是驻扎在罗马各边防前线的军团将士却表示了异议，他们纷纷举起了为柏提纳克斯复仇的义旗，拥兵自重的行省总督们开始觊觎罗马的帝位。

当德高望重的柏提纳克斯被推举为皇帝时，在前线各地统兵的后辈将领们都对新皇帝表示了宣誓效忠。但是当世家子弟出身的尤利安努斯依靠金钱攫取了帝位之后，立即就招致了各地将领们的极大不满，他们尤其对养尊处优、骄横跋扈的罗马近卫军操纵政治的做法深感愤慨。在这种情况下，近潘诺尼亚（今匈牙利至奥地利一带）行省总督塞维鲁、不列颠行省总督阿尔比努斯、叙利亚总督尼格尔纷纷起兵，试图凭借实力来浑水摸鱼，逐鹿中原。

　　出身于北非的近潘诺尼亚总督塞维鲁首先联合同乡阿尔比努斯，许诺其以"共治皇帝"的称号，先稳住后方，然后利用地理优势率军直取罗马。众叛亲离的尤利安努斯皇帝迫于民怨杀死了翻云覆雨的近卫军长官莱塔斯，接着自己也被近卫军士兵杀死。塞维鲁很快就控制了罗马政局，然后由"共治皇帝"阿尔比努斯坐镇里昂，监管罗马，自己则率领大军奔赴东方与争夺帝位的叙利亚总督尼格尔会战。经过一番激烈的决战——决战地点就在五百多年前亚历山大大帝与波斯皇帝大流士三世会战的伊苏斯平原，塞维鲁战胜并杀死了尼格尔，旋即又回过头来打败了长期驻守里昂、白白浪费了三年时光的阿尔比努斯，后者兵败自戕，塞维鲁再度完成了罗马帝国的统一（公元 197 年）。

　　从康茂德被杀，到塞维鲁削平群雄，重整河山，其间经历了四年的时间。但是早在公元 193 年 4 月，身为近潘诺尼亚总督的塞维鲁就已经在士兵的拥戴下称帝自立，并在一个多月后控制了罗马政局，得到了元老院的认可。因此，塞维鲁王朝的历史通常从此时算起。

迦太基的诅咒——北非出身的皇帝塞维鲁

　　塞普提米乌斯·塞维鲁（Septimius Severus，公元 145 年—

公元 211 年）出生于阿非利加行省的濒海城市大莱普提斯（今利比亚境内），属于骑士阶层。北非原为迦太基的领地，公元前 2 世纪迦太基被罗马征服之后，意大利人陆续移民至此，与当地居民通婚，形成了混血的北非人，塞维鲁家族即属于此类人群。塞维鲁在青年时代即来到罗马求学，后来逐渐步入仕途，历任保民官、法务官等职，获得了元老席位。公元 180 年塞维鲁被指派到叙利亚担任军团长，正好在叙利亚总督柏提纳克斯手下供职，与后者交情甚笃，因此他后来打着为柏提纳克斯复仇的旗号进军罗马，也是名正言顺的。公元 193 年，塞维鲁在沧海横流中脱颖而出，成

第一位出身于北非的罗马皇帝塞维鲁

为第一个出身于北非的罗马皇帝。

自图拉真以后，出身于外省的罗马皇帝已不罕见，但是罗马皇帝如果出身于北非或者阿非利加却具有完全不同的文化意义。根据罗马传说，当年罗马人的始祖埃涅阿斯在浪迹迦太基时，曾对盛情相待的狄多女王始乱终弃，遭到了焚身而亡的狄多女王的诅咒；后来罗马人又毁灭了迦太基城，汉尼拔在临终之前再一次对罗马人发出了强烈的谴责。这种"楚虽三户，亡秦必楚"的咒语如同阴霾一般笼罩在罗马帝国的上空，塞维鲁王朝的建立意味着狄多诅咒的初次应验；待到二百多年以后一支已在北非建国的日耳曼民族汪达尔人渡海北上焚毁罗马，则是这个历史魔咒的最终应验。

在康茂德时代的后期，已逾不惑之年的塞维鲁在卢格杜南西斯高卢行省（首府设在里昂）担任总督期间，与一位叙利亚祭司之女尤利娅·多姆娜（Julia Dommna）结婚。这个精明能干的女人此后一直伴随在塞维鲁身边，帮助他获取帝位和治国理政，同时也将某种"非罗马式的"或"东方式的"因素注入塞维鲁家族的血胤之中。爱德华·吉本认为，这种向传统自由观念挑战的"非罗马式的"因素是从康茂德开始的，正是这位角斗士皇帝"为塞维鲁家族开辟了道路"。事实上，这种"非罗马式的"君主专制因素虽然可以在此前的一些罗马暴君——如卡利古拉、尼禄、图密善、康茂德等——身上找到痕迹，但是它真正在罗马帝国成为常态，却是肇端于塞维鲁王朝，最终确立于戴克里先和君士坦丁时代。这种专制政体的一个最主要的特点，就在于元老院已经形同虚设或者彻底废弃，军队（而非拱卫首都的近卫军）成为决定政治格局的唯一因素。

当塞维鲁掌握了罗马政权之后，这种北非加叙利亚的"非罗马式的"基因就开始逐渐暴露出来。塞维鲁在公元 193 年首次率军攻入罗马时，就强行解散了近卫军，将一万名近卫军将士全部驱逐出罗马，而用他的军团卫队来取而代之。但是鉴于尼格尔和阿尔比努斯等势力还在觊觎帝位，塞维鲁在表面上仍然对元老院礼敬有加，极力表明自己是马可·奥勒留的事业继承者（他称帝后把"马可·奥勒留"加入自己的名字中），甚至把被暗杀和遭谴责的康茂德的遗骸也迎进了哈德良陵园。他还采取了一些果敢措施来确保首都的粮食供应和治安维稳，得到了广大民众的拥戴。但是当塞维鲁消灭了所有对手、重新统一了罗马之后，他就开始大力突出个人和家庭的重要因素，将皇权高高地凌驾于元老院之上。他不仅把自己和妻子多姆娜、两个儿子卡拉卡拉和盖塔的全家福肖像镌刻在罗马钱币上和绘制于各种壁画浮雕中，而且把多姆娜确立为"奥古斯塔"，即皇后（多姆娜因此成为第一个登上罗马帝国皇后宝座的东方人），把年仅八岁的长子卡拉卡拉确立为"皇帝事务参与者"，即皇储。更有甚者，塞维鲁开始用专制的手段来清理元老院，并且明确声称自己要像当年的马略和苏拉一样，毫不容情地对反对派元老——此前支持尤利安努斯、尼格尔和阿尔比努斯的元老们——进行严厉处罚。一批又一批元老遭到了清肃。与此形成鲜明对照，军人的待遇却得到了极大的提高，薪金上调、升迁顺畅，而且军团士兵还被允许正式结婚。这些措施使得塞维鲁赢得了广泛的军心，而元老院却如同敝屣一般被搁置一旁。就此而言，塞维鲁是罗马政权军事化的始作俑者，因此他被后世历史学家评价为"非罗马式的专制君主"。

屋大维开创的元首制实际上是皇帝（奥古斯都）和元老院的"两头政治"，即皇帝与元老院相互倚重，协调共治。屋大维之后虽然有些暴君（如尼禄、图密善等）独断专权，破坏了元首制或"两头政治"的平衡关系，但是这种权力倾斜的现象往往在暴君死后很快就会得到扭转，帝制时期的元老院虽然不像共和国时期那样强大，但是仍然能够在一定范围内制约君权。然而从塞维鲁王朝开始，军阀出身的皇帝大权独揽，把军队将领的地位置于元老院之上，用外省的军团来取代主要是意大利籍的近卫军。军队成为攫取政权和维系政权的主要因素，文官制的元老院已经形同虚设。这样一来，罗马的政体形式实际上就蜕变为一种"非罗马式的"或"东方式的"君主专制，它与罗马传统的共和制和元首制都迥然不同，其典型例证就是东方的帝王，如一手遮天、为所欲为的埃及法老、巴比伦国王和波斯皇帝。当然，塞维鲁王朝只是首开先河，真正的君主专制要到戴克里先和君士坦丁皇帝那里才最终确立。

公元 199 年，依靠军队支持牢牢掌握了罗马政权的塞维鲁为了进一步树立威望，主动率军远征帕提亚。由于此时的帕提亚王国已经处于奄奄一息的终末状态，塞维鲁不费气力就将罗马帝国的东方边界再次拓展到底格里斯河一线。班师回朝之后，踌躇满志的塞维鲁为自己在罗马广场的中心地带修建了一座凯旋门，这就是至今仍然屹立在罗马广场废墟中的塞维鲁凯旋门。此外，他还下令修建一座大浴场，用以取悦人民（公共浴场在罗马被称为"人民的宫殿"，免费供民众使用）。由于这座大浴场到塞维鲁死后才竣工，所以因后任皇帝而改名为卡拉卡拉大浴场，这是罗马市内最大的浴场之一。

多姆娜与塞维鲁王朝

自从与多姆娜结婚之后，塞维鲁无论到哪里都要带上他的爱妻；儿子出生后，他又多次携妻带子御驾亲征。塞维鲁虽然把"非罗马式的"专制统治带到了罗马，但是他却像马可·奥勒留一样非常热爱自己的妻子和家庭，在政治和军事方面也经常虚心听取精明妻子的意见。他的"非罗马式的"统治方式中，或许就掺杂了叙利亚祭司之女多姆娜带来的一些东方文化因素。

公元 209 年，64 岁的塞维鲁再度率兵远征，这一次的军事目标是不列颠北部的苏格兰地区。身体虚弱的塞维鲁之所以不辞鞍

第 III 章 罗马与帝国的基业

马劳顿远征不列颠，一来是为了锻炼已经成年的长子卡拉卡拉，二来则是因为他已经感觉到自己将不久于人世，所以希望像军人一样死于征战之中，而不愿在罗马寿终正寝。公元211年2月4日，塞维鲁在英国的约克停止了呼吸。面对着围绕在病榻前的妻子和两个彼此钩心斗角的儿子，塞维鲁最后的遗言是："统治国家时，

精明强干却教子无方的多姆娜皇后

兄弟之间要和睦；不要忘记优待士兵，这是最为重要的事情。"

　　按照一些史家的说法，在塞维鲁病重之际，卡拉卡拉曾多次策划加速父亲的死亡，以便提前上位。深知儿子本性的多姆娜一直在阻止这种可怕的伦理悲剧的发生，一刻不离地守在奄奄一息的丈夫身旁。这个精明强干的女人虽然多次帮助丈夫排忧解难，但是她却更加宠惯儿子，这种过分的溺爱最终导致了塞维鲁家族

的悲剧。此外，强悍的多姆娜也将"牝鸡司晨"的烙印深深地打在了这个王朝的传承之上，乃至于她的妹妹及其女儿都把塞维鲁王朝后来的皇帝们变成了穿线的傀儡。美国学者罗伯特·柯布里克在《罗马人》一书中这样写道：

"在随之而起的内战中，塞普提米乌斯·塞维鲁恢复秩序，建立了一个军事王朝，并成为罗马第一位出身于阿非利加的皇帝。在他获得这些丰功伟业的同时，始终辅佐相伴的是其叙利亚籍的妻子尤利娅·多姆娜。在塞维鲁和他们的儿子卡拉卡拉统治时期，这位皇后获得了之前任何一个罗马妇女都无可比拟的地位和影响力。尤利娅这种传统在其胞妹和外甥女身上得到很好的传承，二者在她死后，继续辅佐幼主，摄政整个帝国，历史上很少有这样一个时期能目睹妇女掌握如此之大的权力。"

在塞维鲁生前，多姆娜扮演了一个精明强干的奥古斯塔（皇后）角色，协助丈夫获取了一次又一次的胜利。但是塞维鲁死后，多姆娜却成为一个悲情人物，她对儿子卡拉卡拉的娇惯和纵容最终酿成了悲惨的家庭伦理恶果。塞维鲁健在之时，就已经看出了两个儿子之间的抵牾，这个注重家庭和睦的皇帝一直到临终前还谆谆教导儿子们要彼此友爱。但是他死后没过多久，一个骇人听闻的家庭悲剧就发生了——残暴的卡拉卡拉把弟弟盖塔杀死在母亲的怀抱中。

罗马第一暴君卡拉卡拉

论起罗马帝国的暴君来，卡利古拉、尼禄、图密善、康茂德个个"可圈可点"，但是与卡拉卡拉相比，未免就有点小巫见大巫。罗马帝国时期留下了一些卡拉卡拉的雕像，从这些雕像中可以看到卡拉卡拉有一副凶神恶煞般的模样，满脸狰狞，目露凶光，一看就是一个暴戾之徒。

凶神恶煞般的卡拉卡拉

卡拉卡拉全名为马可·奥勒留·塞维鲁·安东尼·卡拉卡拉（Marcus Aurelius Severus Antoninus Caracalla，公元 186 年—公元 217 年），是塞维鲁和多姆娜在高卢所生，因幼年时喜欢穿戴一种高卢斗篷，因此得名为"卡拉卡拉"，就如同"卡利古拉"得名于小靴子一样。据说卡拉卡拉小时候非常具有仁慈心肠，孝敬父亲，悲悯生民。但是由于经年累月受到父亲身边军人的影响，他长大后开始变得暴戾恣睢，冷血凶残，成为罗马历史上最著名的暴君。

罗马历史学家卡西乌斯·狄奥认为，卡拉卡拉的性格与三个民族有关，但是他丝毫不具备这些民族的优秀品德，却把它们的缺点全部集于一身，这就是高卢（他的出生地）的多变、懦弱和鲁莽，阿非利加（其父亲的故乡）的严酷和残忍，以及叙利亚（其母系血统的所在地）的诡诈。这些恶劣的因素更由于母亲的溺爱和纵容而深深地根植于卡拉卡拉的秉性之中，最终铸成了他的邪奸大恶的品行。早在成为皇帝之前，卡拉卡拉就在母亲的怂恿之下，亲手杀死了自己的岳父——炙手可热的禁军长官普劳提亚努斯。塞维鲁尸骨未寒，卡拉卡拉就对父亲的临终遗言置若罔闻，当着母亲的面公然将作为共治皇帝的弟弟盖塔杀害。有一种说法认为，卡拉卡拉与母亲之间存在着乱伦关系，无论此说是否属实，多姆娜对于卡拉卡拉确实是一向百依百顺。在暴戾的儿子面前，多姆娜完全丧失了在丈夫跟前的精明干练，只能逆来顺受，任其胡作非为。塞维鲁死后，多姆娜曾经多次椎心泣血地央求卡拉卡拉不要伤害自己的骨肉同胞，但是年仅 22 岁的小儿子盖塔最终还是血肉模糊地死在了她的怀抱中。狄奥在《罗马史》中描写了当时的血腥情景：

> "安东尼努斯（卡拉卡拉）诱骗母亲同时召集他们各自单独前往她的寓所，以使他们达成和解。于是盖塔被说服和他一同走进去；但当他们进入之后，一些安东尼努斯事先授意好的百夫长全部冲进来，击倒盖塔，后者见状跑向母亲，搂住她的颈项，紧贴在她的胸前，号啕大喊：'生养我的妈妈，生养我的妈妈，救命！我要被杀了！'于是，就这样被欺骗的她，眼看着儿子以极其不敬的方式在自己的怀中丧生，宛若在其过世时又回到那个当年曾怀胎孕育他的地方；由于她身上布满了他的鲜血，竟使她未曾意识到自己的手臂受伤。然而，虽然她的儿子年纪轻轻便惨遭如此不幸，她却被禁止为其哀悼或哭泣……这位奥古斯塔，曾经的皇后、现在的皇太后，甚至在私下都不能为如此巨大的不幸而流泪。"

卡拉卡拉杀死弟弟之后，又对盖塔的妻子和众多幕僚斩草除根，据记载，被他以各种莫须有的罪名而杀害的罗马知名男女多达两万人，其中包括罗马大法学家、他父亲的禁军长官帕皮尼安（Papinian）。卡拉卡拉虽然不顾父母的谆谆劝诫而残杀手足同胞，但是他却始终遵从父亲的临终遗言优待士兵。面对国家财政紧缺

卡拉卡拉将弟弟盖塔杀死

的状况，卡拉卡拉进行了货币改革，他下令将罗马金币和银币的重量及成色进行缩减，发行更多的货币来缓解财政危机，以便挤出更多的经费来增加军队供给。因此，卡拉卡拉虽然饱受罗马元老院和一般民众的诟病，但是他在军队中却颇得将士们的拥戴。

卡拉卡拉统治罗马帝国不过六年时间，除了凶残暴虐、弑弟欺母和修建卡拉卡拉浴场（塞维鲁时代开工，卡拉卡拉完成）之外，他所做的另一件具有争议的事情就是颁布了给予罗马帝国境内所有自由人以罗马公民权的《安东尼努斯敕令》。公元 212 年，这位以残暴著称的皇帝却宽宏大度地将罗马公民权给予天下，此举旨在收买人心，增强帝国各地人民对罗马的认同感，加速帝国内部的统一融合。同时代的历史学家狄奥认为，卡拉卡拉的目的是更广泛地敛财，使帝国境内的所有自由人都要承担罗马公民所需缴纳的赋税，从而供养贪得无厌的军队将士，以及有足够的资金修建卡拉卡拉大浴场。但是当代日本学者盐野七生却认为，行省居民成为罗马公民确实需要缴纳公民的直接税（如遗产税等），但是因此而免除了行省税，因此这项法令并没有增加国家的税收。在她看来，卡拉卡拉的这项法令只是出于一个"年轻理想主义者的美好愿望"，即实现罗马帝国所有国民的地位平等，就像他想通过合并罗马宿敌帕提亚来实现天下大同的愿景一样。

长期以来，罗马公民权一直是一种荣耀的权利，象征着一种优越的特权身份。虽然从共和国后期开始，罗马公民权的范围就在不断地扩大，从最初的罗马人，到意大利同盟国的自由人，再到西班牙、希腊乃至高卢的佼佼者，以及某些具有特长的专业人士如教师、医生等，但是对于行省居民来说，罗马公民权始终是一个令人向往的奋斗目标。然而，随着卡拉卡拉把这种优越的权利无区别地赋予罗马帝国境内的所有自由人，罗马公民的身份也就大大地贬值了。从此以后，行省居民与"罗马公民"之间的差别不复存在，罗马公民不再具有优越感和责任感，行省居民想要成为罗马公民的积极性和进取心也荡然无存。于是，整个帝国就在一种懈怠疲沓的惯性中随波逐流，一切创造辉煌的雄心壮志都湮没在得过且过的平庸之中。

卡拉卡拉虽然是一位嗜血的暴君，但是他却对亚历山大大帝极为崇拜，为了重现亚历山大征服东方的丰功伟绩，他于公元214 年又一次发动了帕提亚战争。他在进军途中刻意模仿亚历山大，专程去参拜了小亚细亚特洛伊附近的希腊神话中英雄阿喀琉斯的墓地，并且像亚历山大一样和同伴在墓前进行了竞技活动。他也一度访问了埃及的亚历山大，却在那里大开杀戒，屠戮无数。他甚至想效法亚历山大娶波斯公主那样，娶一位帕提亚公主为妻。这种屈辱的想法遭到了元老院和罗马人民的强烈反对——亚历山大是在征服了波斯帝国之后才娶波斯公主为妻的，而卡拉卡拉却要在与帕提亚军队对垒之时娶帕提亚公主为妻。但是卡拉卡拉却仍然一意孤行，从而使得军心涣散，最终招致了杀身之祸。

卡拉卡拉胡作非为，滥杀无辜，导致人人自危。公元 217 年

4 月 11 日，卡拉卡拉在进军帕提亚途中参拜一座太阳神祭坛时
（一说在路边方便时），遭到禁军长官马克里努斯（Macrinus）的
手下人杀害。马克里努斯之所以要这样做，是因为他已经获悉喜
怒无常的皇帝马上就要对他进行清算了。

　　卡拉卡拉死后，已经忍受了次子身亡之痛的多姆娜——当
时她正据守在作为卡拉卡拉远征军大本营的安条克——在万念俱
灰中自杀而亡（一说她死于悲伤和病痛），但是她身体中所携带
的东方基因却通过妹妹及其女性后裔而影响了塞维鲁王朝的后来
命运。

塞维鲁王朝的终结

　　禁军长官马克里努斯派人杀害了卡拉卡拉之后，谎报信息说
皇帝是意外身亡，并在手下将士的推举下在叙利亚前线自立为新
皇帝。元老院得知消息后，很快就认可了这个既成事实，这一来
是出于元老们对暴君卡拉卡拉的憎恶，二来则是为了避免罗马各
地拥兵的军事将领们再度挑起内战。马克里努斯如愿地当上了皇
帝，他急于休兵罢战返回罗马，于是就与帕提亚人签订了屈辱性
的停战协议，将罗马帝国的东部边界收缩到幼发拉底河一线，此
举激起了罗马将士的极大不满。在这种情况下，已故的多姆娜的

胞妹尤利娅·麦萨（Julia Maesa）就利用卡拉卡拉与军队的密切关系——卡拉卡拉虽然暴戾凶残，却一直遵从父亲的临终遗言善待军队将士——在叙利亚的罗马军团中进行笼络收买，宣称自己的外孙埃拉伽巴卢斯——麦萨之女索埃米娅斯与罗马元老马凯斯所生——实际上是卡拉卡拉的儿子，应该成为塞维鲁王朝的合法继承人。在军队的支持下，麦萨顺利地将年仅 14 岁的埃拉伽巴卢斯推上了帝位，让他成为罗马历史上最年轻的皇帝；而仅当了一年多皇帝的马克里努斯则在众叛亲离的情况下被士兵杀死，这位北非摩尔人的后裔从称帝到被杀从来都没有踏入罗马帝国的首都，就如同他在被推上皇帝宝座之前连罗马元老都没有当过一样。

继卡拉卡拉这样的暴君之后，罗马人民又开始面对着一个荒淫变态的东方君主——埃拉伽巴卢斯。这位少年皇帝原名为瓦里乌斯·阿维图斯·巴西安努斯（Varius Avitus Bassianus，公元 203 年—公元 222 年），因为从小就被其母推举为叙利亚太阳神埃拉伽巴尔（Sun - God Elagabal）的祭司，因此得名为埃拉伽巴卢斯（Elagabalus）。这位年少的皇帝一直是麦萨手中控制的傀儡，他本人对政治并不感兴趣，而是沉迷于太阳神祭司的角色之中。他在叙利亚被罗马军团推举为皇帝之后，必须前往罗马去接受元老院的认可，这位少年皇帝带着规模庞大的随从、祭司和乐队，花了将近一年半的时间才磨磨蹭蹭地抵达罗马，随行还带来了一块叙利亚太阳神庙中供奉的黑曜石。在埃拉伽巴卢斯本人到达首都之前，他的一幅巨大画像被人先行送到了罗马，画面上那稀奇古怪的东方装束令严肃的元老们感叹不已。爱德华·吉本在《罗马帝国衰亡史》中写道：

> "他被画成穿着他那按照米底亚人与腓尼基人宽大飘垂的款式、用丝线与金线织就的祭司的长袍，头上戴着古波斯式高耸的冠冕，数不清的项圈和袖练上都饰满了无价的宝石。他的眉毛被涂得黑黑的，面颊画成一副人工造作的白里透红。深沉的元老们都叹着气，承认罗马在长期经历了自己本国人的严酷的暴政之后，现在终于卑躬屈膝于东方专制的奢靡之前了。"

这位叙利亚出身的皇帝不仅装饰怪异，而且行为荒诞，他将政事完全交给外祖母麦萨来处理，自己则一心沉溺于各种荒淫诡谲的活动中。来到罗马之后，埃拉伽巴卢斯下令在帕拉蒂尼山的最高处修建了一座叙利亚太阳神庙，把从东方带来的黑曜石供奉其中，并极力把叙利亚太阳神的地位置于朱庇特、密涅瓦等罗马传统神灵之上；他经常强迫元老和官员们穿上腓尼基人的长袍，和一大群少女一起围着象征太阳神的火焰，伴随音乐跳起各种带有淫荡意味的舞蹈。他强暴了一位维斯塔神庙的贞女，然后又把这位贞女抛弃，这对于一向崇拜圣洁女神维斯塔的罗马人来说是一种极其邪恶的行为。他具有强烈的变性欲望，数次想阉割自己以便专门侍奉太阳神，由于受到身边人的阻止，于是他索性公开扮演了一位金发碧眼的奴隶赛车手希洛克勒斯（Hierocles）的"妻子"，经常以遭受后者的殴打为乐趣；他甚至在夜里跑到妓院里把妓女赶走，然后自己扮成妓女的模样来拉客……种种荒唐行径不胜枚举，令人难以启齿。堂堂的罗马皇帝已经堕落至此！对比起早先那些具有英雄气概的皇帝如屋大维、图拉真等人所开创的辉煌盛世，现在的罗马帝国就如同长满玫瑰一般艳丽的痈疽之躯一样，正在从头至脚开始腐烂。19 世纪荷兰新古典主义画家阿尔玛·苔德马在其油画《埃拉伽巴卢斯的玫瑰》中，淋漓尽致地表现了埃拉伽巴卢斯时代的奢靡荒淫。

埃拉伽巴卢斯的荒唐举止不仅令罗马人汗颜，而且也让幕后操纵的麦萨深感失望，她决定抛弃这个无可救药的傀儡，用另一个外孙亚历山大来取而代之。经过一番宫廷内斗（麦萨的两个女儿及两个外孙之间的权力博弈），公元 222 年 3 月 11 日，当了四年皇帝的埃拉伽巴卢斯在一群士兵的嘲弄声中被杀死，尸体被抛入台伯河中，他的母亲索埃米娅斯同时也遭到了杀身之祸。垂帘听政的麦萨与另一个女儿尤利娅·马麦娅（Julia Mamaea）将后者 14 岁的儿子亚历山大推上了皇帝的宝座。

马可·奥勒留·塞维鲁·亚历山大（Marcus Aurelius Severus Alexander，公元 208 年—公元 235 年）与其表兄埃拉伽巴卢斯完全不同，是一位性情温和、谦虚谨慎的皇帝，但他却由于年少

阿尔玛·塔德马：《埃拉伽巴卢斯的玫瑰》

彩 III 卷 帝国衰亡的疑虑

难免有些懦弱无能。幕后操纵的麦萨专门为亚历山大找了一位大名鼎鼎的法学家多米提乌斯·乌尔比安（Domitius Ulpianus，公元 170 年—公元 228 年）作为首辅，让他在一切场合都陪伴在亚历山大身边，为年轻的皇帝出谋划策。亚历山大生活俭朴，喜爱阅读柏拉图、西塞罗等贤哲的著作，在他的寝室里悬挂着毕达哥拉斯派哲学家阿波洛尼、希腊传说中的竖琴手奥尔弗斯（他也是奥尔弗斯宗教的创始人）、犹太民族的祖先亚伯拉罕，以及基督耶稣的画像。他和其母马麦娅也是明确对仍然受到迫害的基督教表示善意的罗马统治者。然而，或许是由于叙利亚尤利乌斯家族的女性基因过于强大——多姆娜、尤利娅、索埃米娅斯和马麦娅都是这个家族的女系后裔，亚历山大一直到成年之后仍然生活在外祖母和母亲的阴影之下。公元 226 年老迈的麦萨去世，马麦娅开始大权独揽，宫廷中出现了太后与皇后——亚历山大娶了贵族之女塞丝蒂安为妻——之间的权斗，而懦弱的亚历山大只能听凭母亲的摆弄。内斗的结果是皇太后取胜，亚历山大被迫与妻子离婚并将其流放到北非。正直的乌尔比安由于同情皇后而遭到报复，马麦娅怂恿禁军士兵将其杀害。失去了乌尔比安这个忠诚睿智的肱股之臣以后，亚历山大更是成为母亲手中穿线的傀儡，做任何政治决策都必须经过马麦娅的认同。

在亚历山大统治期间，与罗马帝国对峙了 400 多年之久的帕提亚王国（公元前 247 年—公元 224 年）被新崛起的波斯萨珊王朝取代，这个新王朝的开国之君阿尔达希尔一世（Ardashir I，公

元 180 年—公 元
240 年）还野心勃
勃地试图恢复古代
波斯帝国的辽阔版
图。在罗马，古代
亚历山大大帝征服
波斯的宏伟事业一
直具有强大的感召
力，而现在罗马帝
国正处于另一位年
轻的亚历山大皇帝
的统治之下。在这
样的情况下，罗马
帝国与新的宿敌波
斯萨珊帝国之间就

善良而懦弱的亚历山大

必将发生新一轮的较量。公元 232 年，24 岁的亚历山大率领 6 个
罗马军团共约 3 万名士兵的作战部队远征东方，与波斯萨珊帝国
进行了第一次正面碰撞。在战斗中，亚历山大取得了战场上的胜
利，却由于监军马麦娅的踌躇和掣肘而坐失了乘胜前进的良机，
最后在略占优势的情况下收兵回朝。

回到罗马的亚历山大皇帝旋即又投入抵御多瑙河防线的日耳
曼人的战斗中，随军出征的马麦娅再一次表现出牝鸡司晨、干预

军政的专权秉性，激起了前线士兵的极大不满。公元235年3月，驻扎在美因兹的罗马军团发生了暴乱，一群士兵冲入皇帝的营帐，一边高喊着"未断奶的家伙，去死吧！"，一边把亚历山大和他的母亲马麦娅杀害。延续了42年的塞维鲁王朝也随着这位善良而懦弱的年轻皇帝之死而终结。

"3世纪的危机"与"兵营皇帝"

亚历山大皇帝被杀之后，士兵们推举素有盛名、在科隆担任新兵训练负责人的马克西米努斯（Maximinus）成为新皇帝，但是罗马帝国很快就陷入半个世纪之久的"兵营皇帝"的内乱之中。从公元235年亚历山大之死，到公元284年戴克里先重定乾坤，罗马帝国一共出现了20多位皇帝（奥古斯都）和共治皇帝（恺撒）。其中一些将军因被麾下士兵拥戴而称帝，一直待在自己的军营中，从来没有进入过首都罗马。而且这些皇帝大多数不是被部下谋杀致死，就是自杀而殁。由于这段历程极为纷乱复杂，下面仅仅勾勒一个梗概。

马克西米努斯出身于色雷斯的羊倌之家，身体强壮，勇猛过人，历经军旅生涯，在军队中颇有声望。亚历山大被士兵们杀死之后，多瑙河前线将士就近推举正在科隆训练新兵的马克西米努斯成为新皇帝。远在罗马的元老院虽然对这位出身贫寒、缺乏良好教养的皇帝嗤之以鼻，但是为了防止帝国陷入分裂，表面上也不得不予以认可。深知自己不为元老院待见的马克西米努斯试图通过创建军功来为自己的称帝提供合法性，于是他顾不上返回首都就直接投入征伐日耳曼人的战斗中，并通过战场上的胜利将兵锋推进到多瑙河彼岸的纵深地带。就在此时，北非行省总督戈尔迪安（Gordianus）也在当地民众的推举下自立为帝，并将自己的儿子戈尔迪安二世（Gordianus II）确立为共治皇帝。年逾八旬却出身高贵的戈尔迪安很快就得到了罗马元老院的一致拥护，愤怒的马克西米努斯率军直扑罗马，于是两位皇帝之间就展开了新一轮内战。文质彬彬的戈尔迪安绝非久经沙场的马克西米努斯的对手，很快就与儿子双双战败身亡。元老院又匆匆拥立了两位资深政要普皮恩努斯（Pupienus）和巴尔比努斯（Balbinus）成为新皇帝，组织军队前来迎战马克西米努斯。在两军交战前夕，熟睡的马克西米努斯在帐篷中被手下士兵杀死；不久后，普皮恩努斯和巴尔比努斯也被反复无常的军人们杀死。公元 238 年这一年里，5 位皇帝（包括共治皇帝戈尔迪安二世）先后遭遇了杀身之祸。

在这种情况下，元老院将戈尔迪安的孙子推上了皇帝宝座，即戈尔迪安三世（Gordianus III）。这位少年皇帝登基时才刚刚 13 岁，比当年的埃拉伽巴卢斯和亚历山大还要年轻。在他的统治下（实际上是在元老院的治理下），初定内乱的罗马人民度过了几年和平时光。但是东方边境骚乱再起，波斯萨珊王朝又开始蚕食叙利亚地区。公元 244 年，年轻的皇帝戈尔迪安三世在率军出征的过程中，被近卫军团长官菲利普唆使士兵杀害。阿拉伯人菲利普向元老院谎称皇帝意外身亡，自己则顺理成章地接过了皇帝的权力。菲利普上台后，急忙与波斯国王沙普尔一世缔结了屈辱性的停战条约，班师回朝。不久以后，又恰逢罗马建城一千年大庆（公元前 753 年—公元 248 年），菲利普在罗马主办了盛大的庆祝活动，包括赛车、角斗和各种文艺演出。就在罗马人沉浸在往昔的光荣之中时，北方的日耳曼人再一次发起了大规模的入侵，这次由剽悍的哥特人所主导的侵犯活动比马可·奥勒留时代和塞维鲁王朝时的历次骚扰都要更加猛烈和强劲。对波斯人委曲求全的菲利普皇帝同样怯于亲自迎战威猛的日耳曼人，而是派遣部下德基乌斯（Decius）率军前往。德基乌斯成功地击败了日耳曼人，受到麾下将士的爱戴，被大家在前线拥立为帝。菲利普闻讯后组织军队前来讨逆，却在意大利北部的维罗纳战败身亡。于是罗马帝国再度易主，出生于远潘诺尼亚的德基乌斯登上了皇帝的宝座。

德基乌斯在政治上和军事上都颇具才能，他一面与元老院精诚合作，修复多瑙河沿岸的鹿砦堡寨和军事设施，整顿军纪，积极组织对哥特人进犯的防御；但是另一面，他也开始残酷迫害基督教徒，主要原因是他认为基督教徒对罗马帝国的贬抑影响了罗马人民同仇敌忾的决心。在公元 3 世纪，信仰一神教和向往耶稣王国的基督教徒往往把罗马帝国比喻为堕落邪恶的巴比伦，这种信念使得人数不断增长的基督徒对罗马帝国充满了仇恨，从而构成了帝国内部的异己力量。自从尼禄皇帝在公元 64 年首次掀起迫害基督教的活动之后，在长达近两百年的时间里，信奉多神教的罗马统治者们对于基督教徒并没有太多地为难，只要他们不危害国家安全，统治者们对信仰问题一般是不加干预的。但是到了公元 250 年至公元 260 年，德基乌斯和瓦勒良（Valerianus）两位皇帝出于保护帝国安全的原因，再次开启了对基督教徒的大迫害。所以在后世的基督教徒眼里，这两位皇帝是与尼禄一样邪恶的统治者。

此时，日耳曼人的威胁已经成为一个日常性的问题，捉襟见肘的罗马帝国不仅要定期向多瑙河对岸的蛮族部落缴纳贡物和贡金（美其名曰"经济援助"），而且随时要提防日耳曼人突如其来的攻袭。公元 251 年 6 月，德基乌斯在抗击哥特人的战斗中，与儿子赫伦尼乌斯双双阵亡，他成为罗马帝国第一位死于日耳曼人之手的皇帝。其麾下将领、远米西亚行省总督加卢斯被前线将士推举为继任者，这位新皇帝甫一上位，就与日耳曼人签订了可耻的停战协定——只要日耳曼人退回多瑙河北岸，他便可以答应他们的一切要求。加卢斯的妥协激起了另外两位行省总督埃米利安努斯和瓦勒良的极大不满，他们一方面继续抗击入侵的日耳曼人，另一方面则与皇帝兵戎相见。罗马帝国再一次陷入了诸帝争锋的内乱中，埃米利安努斯首先打败了加卢斯，然后自己又被瓦

反映罗马人抗击日耳曼人的石棺浮雕（居中骑马者即为德基乌斯皇帝之子赫伦尼乌斯）

勒良消灭。瓦勒良最终统一了罗马，成为帝国的新主宰。

瓦勒良出身于罗马的古老名门李锡尼乌斯家族，很快就得到了注重身份的元老院的认可。瓦勒良在国内继续推行德基乌斯迫害基督教的政策，著名的教会领袖奚普里安（Cyprien）、奥利金（Origen）等人都是在这一次大迫害中殉道的；对外则再度发起了与波斯萨珊王朝的战争。公元 260 年，已经 70 岁高龄的瓦勒良让作为共治皇帝的儿子加里恩努斯（Gallienus）在多瑙河一线防御日耳曼人，自己则御驾亲征，率领 7 万大军前往东方征讨波斯人。但是在美索不达米亚的一次战斗中，瓦勒良中了波斯人的埋伏而被对方擒获（据说是波斯国王沙普尔一世诱骗瓦勒良前来谈判而生擒了他），从而成为罗马帝国第一位被敌人生擒的皇帝。这件事在罗马人中间引起了极大的震动，让一向以克敌制胜或者杀身成仁为荣的罗马人深感羞耻；但是受到瓦勒良皇帝迫害的基督教徒们却颇为高兴，认为这是上帝对邪恶皇帝的公正惩罚。波斯人更是大受鼓舞，他们把这个值得炫耀的场面永久地保存了下来。在今天伊朗纳克什·鲁斯塔姆（Naqshi Rustam，亦称帝王谷）的岩壁上，人们仍然可以看到一幅浮雕：威风凛凛的沙普尔一世高坐在马上，罗马皇帝瓦勒良单腿跪地向他表示臣服，另一位此前与沙普尔一世签订了屈辱性条约的罗马皇帝菲利普则恭敬地站在一边。这个场面生动而鲜明地表现了罗马帝国在波斯王国面前威风扫地的情景，而且也确实标志着罗马帝国正在不可挽救地走向衰落。

雕刻在波斯帝王谷岩壁上的沙普尔一世与两位卑躬屈膝的罗马皇帝

　　瓦勒良被俘不久就在波斯人的牢狱中死去，他的儿子加里恩努斯顾不上替父报仇，因为北方的日耳曼人正在对罗马帝国形成更大的威胁。虽然加里恩努斯是一位具有文韬武略的罗马皇帝，但是无奈罗马帝国已是厄运当头，颓势难返。瓦勒良被俘后，沙普尔一世迅速地把兵锋推过了幼发拉底河，叙利亚、亚美尼亚、卡帕多西亚等地相继沦为波斯人的势力范围。在北方，不仅哥特人不断越过多瑙河侵入潘诺尼亚、米西亚等地，法兰克人也开始侵扰莱茵河沿岸，阿勒曼尼人则突破多瑙河与莱茵河之间的日耳曼长城而威胁意大利北部地区，一支支日耳曼民族部落都试图分享罗马帝国这块大肥肉。与此同时，高卢守将波斯图穆斯也树起了独立的高卢王国的大旗，帕尔米拉王国则在东方的叙利亚异军突起。面对着罗马帝国被一分为三——西边是高卢王国、中间是罗马帝国、东边是帕尔米拉王国——的现实状况，无力回天的加里恩努斯皇帝不得不忍辱负重，一面笼络波斯图穆斯来防御莱茵河彼岸的日耳曼人，另一面则借重帕尔米拉王国来遏制波斯人的西进势头。除了上述人祸之外，罗马境内又爆发了鼠疫等传染病，更是雪上加霜。这些灾祸使得殚精竭虑的加里恩努斯疲于应对，焦头烂额，他的统治能力也开始受到部下们的怀疑。公元 268年秋，皇帝身边的骑兵队长们发动了政变，加里恩努斯被杀身亡，政变主谋者克劳狄乌斯取而代之，但是这个篡位者只当了不到两年的皇帝就患病身死。克劳狄乌斯身后无嗣，他的弟弟昆提卢斯被元老院选举为皇帝，但是军队却一致推举骑兵总司令奥勒良

（Aurelianus）为帝，形同傀儡的元老院只得接受了军队的决定。

诡谲迭出，国运日衰

奥勒良出身于靠近多瑙河的边境地区，其家族早先是"罗马化的蛮族"。奥勒良从年轻时代即加入罗马军队，久经磨炼，在瓦勒良当政时代得到重用，因此他一直对这位沦为波斯人俘虏的皇帝心存感恩之情。奥勒良称帝后，改变了前任皇帝迫害基督教的政策，进行了一些重要的改革，如货币改革等，特别是修建了著名的奥勒良城墙。罗马的第一座城墙是由王政时期的第六位国王塞尔维乌斯在公元前 6 世纪所建，到了共和国末期，这座残破不堪的城墙被恺撒下令拆除，从此罗马就成为一座不设防的世界之都。而奥勒良时代所修建的罗马第二座城墙全长约 19 公里，平均高度为 6 米，厚度为 3.5 米，拥有 18 座城门，所围的面积比塞尔维乌斯城墙要大得多，这座城墙至今仍在罗马城内巍然耸立。在外交方面，奥勒良把多瑙河北岸的达西亚放弃给哥特人，将罗马帝国的北方疆界收缩到多瑙河一线。但是他却相继收复了已经脱离帝国版图的东方帕尔米拉王国和西方高卢王国，重整了罗马帝国的河山。公元 274 年，东征西讨的奥勒良返回罗马，再一次举行了罗马人民久违了的盛大凯旋式。与公元 3 世纪的其他

第 III 卷 罗马帝国的衰亡

皇帝相比，奥勒良在内政外交方面都有许多建树，获得了一些荣
誉称号，如"手持宝剑的奥勒良""进军神速的奥勒良""重建
帝国的奥勒良"等。

公元 275 年，正当雄心勃勃的奥勒良准备为他的知遇恩主瓦
勒良报一箭之仇而远征波斯时，他却被自己的秘书和麾下几位将
军密谋杀害了。奥勒良之死激起了罗马人民和军队的极大愤慨，
凶手们很快就被绳之以法。由于奥勒良没有子嗣和兄弟，在他死
后 5 个月的时间里，帝位一直空缺。几经周折之后，75 岁高龄的
元老塔西佗——他是公元 1 世纪著名历史学家塔西佗的后裔——
被推上了皇帝的高位。这位德行高尚却缺乏军旅经验的老叟勉为
其难地率军前往叙利亚，却由于不堪征途劳顿而卒于军中。元老
院于是又推举塔西佗的弟弟弗洛里安努斯继位，但是叙利亚和埃
及的军团却拥戴自己的军事统帅普罗布斯为帝。文官资历的弗洛
里安努斯很快就被罗马的禁卫军杀害，行伍出身的普罗布斯成为
罗马帝国的新皇帝。

普罗布斯上台后极力效法马可·奥勒留的善政，倚重元老院
来治理国内事务；他本人则率领军队东征西讨，先后平定了埃及
等东方地区的叛乱，击溃了入侵高卢的日耳曼人。除了公元 281
年秋天回到罗马举行了一个小规模的凯旋式并停留了半年时间之
外，这位勤政的皇帝在统治的 6 年期间基本上都是在战场上或平
叛的路途中度过的。然而，常年的内忧外患和频繁战争已经使得
军队变得骄横狂暴，士兵弑君之事不断发生。公元 282 年 8 月，

普罗布斯在多瑙河前线视察时被几个心生不满的士兵杀死，罗马帝国已经陷入了军人实施暴行的乱象之中。

现在推选皇帝之事已经完全成为军队的专利，元老院的意见已经无人在乎。军队高官们一致推举近卫军团长官卡鲁斯为新皇帝。刚刚称帝的卡鲁斯为了振奋军心，重新启动了奥勒良、普罗布斯等皇帝想实施却未能实施的东征波斯的计划。他把两个儿子卡里努斯和努梅里安确立为共治皇帝，让前者负责西方的防御，后者则随同他一起远征波斯。罗马军团一路进展顺利，连战告捷，迅速收复了幼发拉底河与底格里斯河之间的美索不达米亚。公元 283 年秋季，就在卡鲁斯准备乘胜前进直捣黄龙时，突如其来的沙漠落地雷击中了他的帐篷，皇帝本人当场毙命。如此蹊跷之事似乎也在暗示，罗马帝国气运衰竭，亚历山大大帝征服波斯的壮举永远不可能再被罗马人复制了。

卡鲁斯遭遇不测之后，他的儿子努梅里安很快也神秘地死于行军的马车中，其近卫军长官狄奥克莱斯具有嫌疑，却无法证实。群龙无首的东征军团将狄奥克莱斯拥立为新统帅，征服波斯的宏伟计划也骤然停止，罗马军团准备打道回府。不久以后，负责镇守西方的卡鲁斯长子卡里努斯也被麾下士兵杀害。于是，狄奥克莱斯就成为罗马帝国唯一的皇帝（公元 284 年）。这位出生于亚得里亚海东岸萨尔马提亚行省的幸运儿给自己改了一个更具罗马特色的名字盖乌斯·奥勒留·瓦列里乌斯·戴克里先，从此结束了半个世纪纷乱不已的帝位之争，开启了长达 23 年的稳定统治。

从塞维鲁·亚历山大之死到戴克里先称帝的半个世纪时间里（公元 235 年—公元 284 年），罗马帝国一共更换了 20 多位皇帝和共治皇帝，其中统治时间最长的是加里恩努斯，在位 15 年；其次为瓦勒良，在位 7 年；其他的皇帝仅为数年甚至数月，而且大多数都是因谋杀或暴毙而亡。罗马帝国的政治舞台上如同走马灯一般地变换着统治者，弑君篡权乃是家常便饭，各种阴谋诡计竞相肆行，罗马帝国已经成为一个充斥着各种肮脏秽行的罪恶渊薮。

共和国末期的罗马政坛尽管冲突激烈，但是政治家和军人们仍然秉承古人的高风亮节，很少使用阴谋龌龊手段。苏拉虽然杀人无数，却快意恩仇，使用阳谋而不弄奸计；马略却由于一度出卖同道的萨图宁，饱受罗马人的诟病。克拉苏尽管富甲天下，却为人仗义，以千金之躯偏要再立军功，不幸殒命疆场。庞培更是秉性高洁，全凭军功立身，对于下三烂手段嗤之以鼻。至于恺撒，更是一生光明磊落，心胸坦荡，对待敌人也宽宏大量，尽管野心勃勃，却从来不使用阴谋诡计。其余罗马政要如小伽图、西塞罗、布鲁图斯、卡西乌斯等人，尽管性情各不相同，却同样不屑于猥琐之行。与具有英雄气概、杀身成仁的安东尼相比，屋大维无疑更擅长刚柔并济，但在其统治的 44 年间，罗马绝少发生谋杀暗害之事。然而从提必略时代开始，各种邪恶诡诈之事就接二连三。且不论元老重臣时常死于非命，即便是皇帝，寿终正寝者也寥寥无几，不是中毒就是遇刺。到了"五贤帝"时代，不仅经济繁荣，而且政治清明，阴谋之事甚少得闻（仅有哈德良登基之初谋杀前朝重臣等极少事例）。但是自从马可·奥勒留死后，各种暴戾恣睢和阴谋诡计又死灰复燃，而且愈演愈烈。塞维鲁王朝更是把北非的残暴和东方的阴损注入已经每况愈下的罗马帝国躯体之中，使得罪恶行径变本加厉。到了"3世纪的危机"时代，罗马帝国更是蜕变为一个藏污纳垢、乌烟瘴气的政治垃圾堆，积重难返，病入膏肓，奄奄一息地等待着一股巨大的历史力量为其收尸入殓。

继"3世纪的危机"之后出现的戴克里先和君士坦丁重整河山，只不过是这具庞大的腐朽之躯临终之前的回光返照罢了。

第 II 节

"四帝共治"与绝对君主制

在"3 世纪的危机"中,二十多个皇帝如同走马灯一样更替,国内战乱频仍,"兵营皇帝"迭出。与此同时,日耳曼人、波斯人以及北方草原上的其他游牧民族纷纷乘虚而入,曾经固若金汤的罗马帝国边境线不断被人突破,哥特人甚至长驱直入到地中海地区,洗劫了雅典等繁华都市。在内外交困的情况下,沉疴缠身的罗马帝国只能依靠那些手握重兵的将军来维系政权和保家卫国,谁能够抵御蛮族入侵,谁就可以登上皇帝的宝座。军队的政治权重不断增加,元老院则大权旁落,形同虚设。在这样的情况下,罗马就出现了戴克里先的"四帝共治"和君士坦丁的集权专制,确立了东方式的绝对君主制。那些出生于外省、不具有罗马贵族血统却久经沙场的职业军人,纷纷成为罗马帝国的统治者。他们把渊源深厚的元老院和首都罗马搁置在一旁,在帝国的不同地方另建新都,用君主专制彻底取代了罗马传统的共和制和元首制。

戴克里先与"四帝共治"

屋大维建立元首制以后，虽然皇帝（奥古斯都）是终身执政的，他的权力凌驾于年度制的执政官——皇帝本人往往就是两位执政官之一——和其他行政官员之上，但是从法理上来说，罗马国家的两大主权者依然是元老院和罗马人民。皇帝只是元老院和罗马人民的代理人罢了，因此皇帝的推举及统治必须在法理上得到元老院和罗马人民的认可。但是从公元 284 年开始，行伍出身的戴克里先依靠军队结束了"3 世纪的危机"，建立了一种"四帝共治"的军事分区管理体制，用军人专权的绝对君主制取代了文官（元老）与皇帝共治的元首制。皇帝（奥古斯都）和共治皇帝（恺撒）纷纷在自己的军事管辖区内建立新都，罗马则逐渐沦为一座被人遗忘的"鸡肋"之城，罗马元老院的权力也随着罗马首都地位的丧失而一落千丈。

盖乌斯·奥勒留·瓦列里乌斯·戴克里先（Gaius Aurelius Valerius Diocletianus，公元 244 年—公元 312 年）出身卑微，其家族在罗马历史上寂寂无闻，他父亲可能是伊里利亚行省（今克罗地亚）农场中的一位获释奴隶。戴克里先从 17 岁就参军入伍，长期在军队中历练成长，一直到 40 岁时阴差阳错地登上了皇帝的宝座。戴克里先虽然没有任何荣耀的家族背景和仕途经历，但是却具有沉稳的性格和出众的韬略，尤其擅长用人之道。他刚一登上皇位，就把自己的亲密好友、深受军队爱戴的马克西米安（Maximian）确立为"恺撒"，让后者与他一起治理庞大的罗马帝国，用"两帝共治制"取代了奥古斯都与元老院共治的"元首制"。戴克里先委派马克西米安分管莱茵河防线和高卢、不列颠、西班牙、北非等西部地区，他自己则治理多瑙河防线和帝国的东部地区。两年后，他又把马克西米安升任为与自己一样的"奥古斯都"，他们的区别仅在于马克西米安的"奥古斯都"头衔前面加上了"赫拉克勒斯"（Hercules）的修辞语，自己的头衔前面则加上了"约维乌斯"（Iovius，意即朱庇特）的称号。而性格外向的马克西米安也对深沉稳重的戴克里先非常尊重，在一切重大问题上都唯其马首是瞻。两位皇帝分别在小亚细亚的尼科米底亚和意大利的米兰建立了自己的首都，正式形成了"两帝共治制"。两位皇帝

戴克里先雕像

勠力同心，分别应对来自东方和西方的各种挑战，成功地平息了埃及等地的叛乱和抗击了日耳曼人的入侵。

到了公元293年5月，戴克里先和马克西米安又同时在尼科米底亚和米兰发表声明，各自再任命一位"恺撒"，将原来两帝的管辖范围进一步划分为四块，分别应对北方的日耳曼人和东方的波斯人。戴克里先指定其女婿及养子伽列里乌斯（Galerius）为"恺撒"，马克西米安同样也指定自己的女婿及养子君士坦提乌斯（Constantius）为"恺撒"，新被任命的两个"恺撒"再各设置一个都城，分别为潘诺尼亚的塞尔曼和高卢的特里尔。这样一来就形成了"四帝共治"的格局，两个"奥古斯都"为正帝，

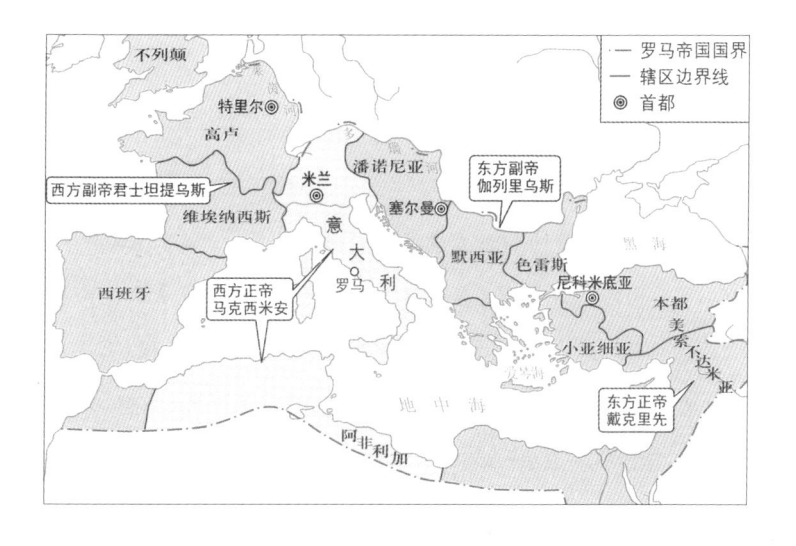

四帝的首都和管辖区域

两个"恺撒"为副帝，分别管理罗马帝国的东方和西方。这四位
统治者的经历虽各不相同，却有几个共同特点：第一，他们都是
军人出身，身经百战；第二，他们都来自多瑙河至亚得里亚海之
间的巴尔干地区；第三，他们都是没有任何高贵血统和显赫背景
的农民的儿子。

在四帝之中，戴克里先是以神（约维乌斯或朱庇特）自居的
"大奥古斯都"，马克西米安则是以英雄（赫拉克勒斯）称呼的
"小奥古斯都"，另外两位则是地位更低一点的"恺撒"。虽然
戍边防御是四位皇帝的共同职责，但是就处理帝国事务而言，戴
克里先无疑具有至高无上的权威，高高地凌驾于另外三位皇帝之
上。由此可见，"四帝共治"的实质就是绝对君主制，只不过它
采取了一种（防御）责任分担的形式而已。

今天意大利威尼斯的圣马可教堂与总督府的交汇处，放置
着一尊大约是公元 305 年制作的斑岩雕像，这就是"四帝共治"
的雕像。雕像中四位皇帝两两相拥地站立在一起，表现了一种
精诚团结的情景。这尊雕像是在戴克里先时代完成的，最初可
能放置在戴克里先的首都尼科米底亚，后来在君士坦丁建立新
都时搬到了君士坦丁堡的皇宫里。1204 年第四次十字军东征时，
西方十字军洗劫了君士坦丁堡，这尊雕像又被搬到了威尼斯，
安置在总督府的墙角处，一直保留至今。

"四帝共治"雕像

在罗马帝国境内，东方地区历来就比较繁荣昌盛，戴克里先本人也是从东方起家的，所以他始终踞守在小亚细亚、叙利亚、埃及等地。东方正帝戴克里先的首都尼科米底亚位于小亚细亚，即今天土耳其的伊兹米特；东方副帝伽列里乌斯的首都塞尔曼位于今天黑山共和国的米特罗维察。西方正帝马克西米安的首都是意大利的米兰；西方副帝君士坦提乌斯的首都特里尔则位于今天的德国境内。这四个都城都是由戴克里先确定的，都靠近北方的多瑙河和莱茵河防线，说明了防范日耳曼人入侵的紧迫性，同时也表明国家政权应该由那些驻守边疆、保家卫国的职业军人来执掌。至于元老院的那些手无缚鸡之力的文官，又怎么能够统治大敌压境的罗马帝国呢？与此相应，曾经作为帝国之都、光芒万丈的罗马，如今也沦为一座声色犬马的废都。作为罗马帝国皇帝的戴克里先在称帝后的 19 年间，从来没有去过一次罗马，虽然他以自己的名义在罗马修建了一座巨大的浴场供罗马人民享受。直到公元 303 年，他才和马克西米安共同在罗马举行了一次盛大的凯旋式，庆祝四帝在多瑙河、莱茵河、幼发拉底河、尼罗河等防线上所取得的防御性胜利。这也是在罗马举行的最后一场真正意义的凯旋式（指庆贺打败外敌而非结束内战），从此以后，罗马人既无战胜外敌的胜利可以值得庆贺，罗马城也不复为帝国的首都了。

在罗马帝国，经历了塞维鲁王朝和"3 世纪的危机"的暴庹混乱之后，军人的地位明显地得到了提高，文官麇集的元老院在拥兵自重的军阀面前相形见绌，耍弄嘴皮的元老被挥舞刀剑的军人束之高阁。从前在共和国时代乃至帝制早期，元老们在对敌作战时往往都是冲锋陷阵的领军人物，充当极具战斗力的骑兵和重甲兵，舍生忘死，以身垂范。然而，加里恩努斯执政时，就已经明令禁止元老担任军团指挥官，元老只能待在罗马管理内政，无须担任军队将官。戴克里先称帝之后，更是明确规定元老不得参军入伍，从此文官与武将就彻底分道扬镳，而国家权力完全执掌在抵御外敌的军人手里。如此一来，元老院就沦为可有可无的政治摆设，作为国家之魂的元老和作为帝国之都的罗马一起被边缘化了。

在"四帝共治"时代，国家的一切内政外交事务——政治、经济、财税、法律、军事等——全部由四位皇帝共同决定（其中两位奥古斯都，尤其是戴克里先的意见更是具有至关重要的作用），完全不用再经过元老院的审查和批准。这样一来，戴克里先就用一种东方式——埃及、波斯等——的绝对君主制取代了屋大维开创的元首制（因此历史学界通常将公元 284 年戴克里先称帝作为元首制与君主制的分水岭）。罗马皇帝也从"第一公民"变成了罗马的"主人"，甚至以神灵自居（戴克里先在"奥古斯都"的头衔前面加上了"约维乌斯"的称号）。以前的很多罗马皇帝只有在死后才被神化，而戴克里先却像埃及的法老和波斯的国王一样生前就以神而自居。据说戴克里先也是第一个戴上东方君王的缀满宝石的黄金冠冕的罗马统治者，而以前的罗马皇帝都只是在凯旋式上头戴金银打造的月桂花冠，像奥林匹亚竞技会的冠军一样。月桂花冠象征着崇高荣誉，帝王冠冕则代表着专制权力。随着皇帝从"第一公民"变成国家的"主人"（dominus）或"神"（deus），罗马公民也就相应地沦为皇帝的臣民和奴仆。"S.P.Q.R."已经形同虚设，元老院和罗马人民在大权独揽的皇帝面前向隅而泣，几百年来的共和传统和元首政制落花流水，依仗军队独断专行的君主专制则应运而生。

"四帝共治"制度主要是为了防御北方日耳曼人入侵的现实需要而构建的，它的确有效地遏制了北方蛮族的侵犯势头，成功地将各支日耳曼部落阻挡在多瑙河和莱茵河彼岸。但是这种制度却从事实上和法理上极大地加强了执掌军权的皇帝（奥古斯都和恺撒）的政治权力，根本性地削弱了元老院和"共和"的力量。而且，由于军队人数的大量增加和军费开支的急剧上升，国家财政也面临着巨大的压力。据盐野七生所述，罗马帝国的核心货币第纳尔银币的含银比例，从屋大维时代的100%，到尼禄时代的92%，再降到卡拉卡拉时代的50%，到"四帝共治"时代已经暴跌至5%了。戴克里先试图改变这种颓势，重新制作并发行了含银量为100%的新货币阿根图斯，但是这种新发行的银币很快就在市场上消失了。

六帝争锋与天下大乱

虽然罗马帝国已经积弊日深，但是在戴克里先的卓越的领导协调以及四帝的同心协力之下，帝国维系了长达 21 年的和平稳定，国内动荡和弑君篡权的乱象终止了。公元 305 年，61 岁的戴克里先在以他命名的罗马大浴场完工之时宣布退位，同时也要求西方正帝马克西米安与他同时宣布退位。戴克里先回到家乡斯普利特的豪华宫殿中去享清福，第一轮"四帝共治"到此结束。

戴克里先身后无嗣，唯一的女儿嫁给了麾下将军伽列里乌斯，他将后者指定为养子且确立为东方的"恺撒"。马克西米安虽然有一个儿子马克森提乌斯（Maxentius），但其当时尚未成年，他为了效法戴克里先，也把自己的女婿——英勇善战的君士坦提乌斯确立为西方的"恺撒"。公元 305 年，戴克里先和马克西米安同时退位，两位"恺撒"直接升格为东西方的"奥古斯都"，戴克里先又分别安排了马克西米努斯·代亚和塞维鲁成为东方和西方的新"恺撒"。戴克里先在完成了人事安排、开启了新一轮的"四帝共治"格局之后，就回到亚得里亚海边的斯普利特宫殿中去安享晚年了。

斯普利特（Split）原名阿斯帕拉托斯（Aspalathos），是亚得里亚海东岸的一个非常美丽的海滨城市。这个城市今天已经

古罗马帝国的辉煌　第 III 卷　帝国盛衰

成为著名的旅游胜地，依然保存着戴克里先宫殿的遗址，其基本格局仍不失当年风采。今天的旅游者们到克罗地亚欣赏了历史名城杜布罗夫尼克——又名拉古萨，即美剧《权力的游戏》中的君临城——的美丽风光之后，往往会沿着海岸线北上到斯普利特去瞻仰一下戴克里先的宫殿旧址。这座始建于公元300年的濒海宫殿的城墙、塔楼、街道、宅邸等建筑仍然保存完好，其壮观的柱廊庭院至今还时常举行各种演出活动，向人们展现着古罗马时代的恢宏气概。

第二轮"四帝共治"与第一轮相比有两点不同之处：其一，由于戴克里先已经隐退，在第二轮"四帝共治"中不存在一个绝对的权威，时间一久，东西方的"奥古斯都"和"恺撒"之间就容易发生权力之争；其二，以前的西方正帝马克西米安虽然迫于戴克里先的压力不得不同意退位，但是他本人有一个亲生儿子，且已经长大成人，而现在父子二人都与新一轮的"四帝"无关，这样就为日后重起争端埋下了隐患。

第二轮"四帝共治"体制运行的第二年（公元306年），西方正帝君士坦提乌斯就因病去世，他的儿子君士坦丁被父亲的麾下拥为继承者，立即就引起了群雄之间的龃龉和冲突。东方正帝伽列里乌斯指定西方副帝塞维鲁接替君士坦提乌斯为西方"奥古斯都"，与此同时，西方前正帝马克西米安的儿子马克森提乌斯也在父亲的支持下起来争夺帝位。不久后塞维鲁被马克森提乌斯

用于演绎古罗马故事的戴克里先皇殿柱廊庭院

杀死，伽列里乌斯又指定他的部下李锡尼乌斯成为西方的"奥古斯都"。至此，"四帝共治"的基本格局土崩瓦解，罗马帝国一时间陷入了六位皇帝——东方正帝伽列里乌斯、副帝马克西米努斯·代亚以及西方皇帝君士坦丁、塞维鲁、马克森提乌斯、李锡尼乌斯——的彼此争斗之中。

面对着一片混乱的局面，被迫退位却始终胸怀东山再起野心的马克西米安试图劝说正在亚得里亚海边享清福的戴克里先出来收拾残局，因为这位急流勇退的前"大奥古斯都"在彼此争强斗狠的后起之秀心中仍然具有不可替代的权威。对于马克西米安的劝进，已经淡泊名利的戴克里先一笑置之。爱德华·吉本诙谐地写道：

> "他对马克西米安的几句回答的确很值得我们深思。那个急躁不安的老人（指马克西米安）请求他再着皇帝紫袍，重新握起驾驭政府的丝缰。他只是淡淡一笑，丝毫也不为这种诱惑所动，并冷静地回答说，他要是能够让马克西米安看到他亲手在萨洛那种植的白菜，他一定再也不会劝他为了追求权力，放弃享受眼前的欢乐了。"

当年戴克里先执掌大权时，凭着自己的威望和高超的协调能力，很好地维系了"四帝共治"的格局。但是一旦他退出政坛，缺乏绝对权威制约的诸帝之间就必然要爆发争端。这位淡泊名利的老人倒是悠闲地回到美丽的海边别墅中去潜心种菜了，却把偌大的罗马帝国留给了一群虎视眈眈的军阀。

君士坦丁一统天下

君士坦丁一世（Constantinus I Magnus，公元 274 年—公元 337 年）在西方历史上是被称为"大帝"的人物，他可以称得上是罗马帝国晚期最具有雄才大略的统治者，同时也是最终确立了绝对君主制的集权者，而且还是第一位皈依基督教的罗马皇帝。

君士坦丁是君士坦提乌斯与前妻所生，年轻时即到戴克里先皇帝帐下开始军旅生涯，一直到公元

君士坦丁大帝雕像

305 年君士坦提乌斯升格为西方正帝之后，才回到父亲身边。此时的君士坦丁已逾而立之年，成为一位具有丰富军事经验的优秀将领。一年以后，在陪同父亲跨海平定不列颠叛乱时，由于父亲去世，君士坦丁在军队的拥护下继承了"奥古斯都"的头衔。不久以后，罗马帝国就出现了六帝争锋的乱象。及至公元 307 年塞维鲁被马克森提乌斯杀害、公元 311 年伽列里乌斯因病去世之后，罗马帝国就剩下四位皇帝——李锡尼乌斯与马克西米努斯·代亚经营帝国东方，君士坦丁则与马克森提乌斯在帝国西部处于剑拔弩张的对峙状态中。

君士坦丁继承了父亲的头衔和地盘，以特里尔为都城，控制着高卢、西班牙和不列颠，在抵御日耳曼人的过程中锤炼了一支能征善战的军队。君士坦丁身材高大，骁勇异常，每次战斗时都身先士卒、冲锋在前，深得麾下将士的敬重。马克森提乌斯则在父亲马克西米安的基业上，盘踞在罗马，统治着意大利和北非。整个帝国西部形成了楚河汉界，呈现泾渭分明的格局。老骥伏枥的马克西米安由于与儿子在权力问题上发生了龃龉，一度为了笼络君士坦丁，把女儿法乌斯塔（Fausta）嫁给后者，但是终究因阴谋篡权而被君士坦丁逼死。现在帝国西部处于两虎相对、一触即发的紧张状态中。于是，君士坦丁首先将妹妹君士坦提娅许配给李锡尼乌斯而与李锡尼乌斯建立了政治联盟，又通过和平协商稳住了莱茵河彼岸的日耳曼人，然后于公元 312 年率领大军越过阿尔卑斯山，进入意大利。在相继攻克了米兰、维罗纳等重镇之后，同年 10 月，君士坦丁与马克森提乌斯在罗马城郊的米尔维安大桥附近展开了决战。君士坦丁率领的 4 万虎狼之师打败了人数虽多却长期养尊处优的敌军，马克森提乌斯本人也在战败后坠河而亡。由于君士坦丁后来成为基督教的解放者，所以在后世西方世界流传的许多史册中，这场战斗被看作"具有划时代意义的战役"，并且被赋予了神秘的信仰色彩。

据说在米尔维安战役爆发的前夜，基督耶稣在君士坦丁的梦中显现，告诉他如果遵循唯一真神的教诲，他必将获得这场决战的胜利。耶稣还建议他把希腊文中代表基督教徒的两个字母"X"和"P"合在一起写在军队的旌旗和士兵的盾牌上。君士坦丁遵嘱而行，第二天果然以少胜多取得了战场上的胜利。

君士坦丁以胜利者的姿态进入罗马，将马克森提乌斯的两个儿子和主要追随者处以死刑，并解散了长期操纵罗马政局的近卫军，但是对于罗马民众却秋毫无犯。见风使舵的元老院很快就开始对君士坦丁顶礼膜拜，极尽谄媚，一座以君士坦丁为名的宏伟凯旋门在毗邻科洛西姆竞技场的地方建立起来（尽管这座巨大凯旋门上的许多装饰和浮雕都是直接取材于图拉真时代、哈德良时代和马可·奥勒留时代的现成作品），马克森提乌斯在罗马广场上建造的大会堂也被更名为君士坦丁会堂，会堂里面摆放着君士坦丁的巨幅坐像。

罗马气势恢宏的君士坦丁凯旋门

　　君士坦丁只在罗马停留了很短时间就抽身而去，后来他也只是在参加统治十周年和二十周年的庆典活动时才来过两次罗马。像戴克里先一样，君士坦丁对于"鸡肋"之城罗马已经毫无兴趣。他将根据地从特里尔迁至米兰，后来又不断地东移，经过塞尔曼，最后定都于君士坦丁堡，彻底用东都取代了西都。与此相应，在君士坦丁称帝之后的三十余年时间里（公元306年—公元337年），东方式的绝对君主制也完全取代了罗马传统的共和制和元首制（元首制在某种意义上仍然是一种共和制，只不过共和的双方不再是元老院与罗马人民，而是奥古斯都与元老院）。

就在君士坦丁战胜马克森提乌斯的第二年，李锡尼乌斯也打败了东方帝位的觊觎者马克西米努斯·代亚，东西方的两位权位挑战者都因战败而死于非命。当君士坦丁与马克森提乌斯生死对决时，李锡尼乌斯率领大军在多瑙河畔坐山观虎斗，随时准备收取渔利。到了公元 313 年李锡尼乌斯与马克西米努斯·代亚火并时，就轮到君士坦丁隔岸观火了。结果，罗马帝国只剩下两位分别盘踞在帝国东部和西部的统治者了，他们之间的终极一搏必将发生。

公元 315 年秋天，曾经缔结政治联姻并且共同签署了《米兰敕令》的两位皇帝终于撕破脸面，公开对决。君士坦丁指挥的莱茵河军队与李锡尼乌斯麾下的多瑙河军队这两支劲旅在潘诺尼亚和色雷斯地区先后发生了两场激烈的战斗，经过艰苦的鏖战，君士坦丁终于打败了比自己年长十岁的李锡尼乌斯。在君士坦提娅的调解之下，双方签订了和约，李锡尼乌斯退出欧洲，继续统治小亚细亚以东的罗马疆域；而博斯普鲁斯海峡和达达尼尔海峡以西的广大地区则是君士坦丁的天下（君士坦丁也顺势将根据地东移到多瑙河畔的塞尔曼）。双方的和平协议维持了八年时间，公元 324 年二帝之间烽烟再起，年近五旬的君士坦丁一如既往地身先士卒，冲锋陷阵，最终彻底打败了李锡尼乌斯的东方军队。诚心服输的李锡尼乌斯在妻子君士坦提娅的陪同下跪倒在君士坦丁面前，乾坤大定的君士坦丁将退位的李锡尼乌斯及家人遣送至希腊北部的帖撒罗尼迦隐居，一年多以后 60 岁的李锡尼乌斯和年幼的儿子神秘地被人杀害。

就在诸帝相互搏杀鏖战之际，隐居在斯普利特海滨别墅中潜心种菜的"大奥古斯都"戴克里先，也在眼见国家四分五裂、自己家破人亡——他的妻子和女儿先被马克西米努斯·代亚流放，后来又被李锡尼乌斯杀害——却无力回天的无奈中，于公元 313 年落寞地死去。他所开创的帝国很快就转到了更具雄心和魄力的君士坦丁手里。

颁布《米兰敕令》和解放基督教

公元 313 年是罗马帝国两位皇帝的政治"蜜月期"，李锡尼乌斯来到西都米兰迎娶君士坦提娅，东西方的两位皇帝进行了公开会晤，并且共同签署了一份重要文献，即历史上赫赫有名的《米兰敕令》，它的主要内容就是宣布基督教的合法化。

基督教自公元 1 世纪中叶从犹太地区传播到罗马帝国各地以来，因其所坚持的一神教信仰以及一些相关的宗教礼仪（如反对向罗马诸神献祭、拒绝服兵役、进行忏悔和领圣餐等），在相当长的时间里一直被罗马统治者和广大民众视为邪教。从公元64 年尼禄皇帝把纵火的罪责栽赃于基督教徒，罗马帝国就开始了对基督教的公开迫害。虽然这种迫害活动并没有一以贯之，毕竟罗马帝国是一个对各种宗教信仰兼收并蓄的大家庭，但是一神信仰的基督教总是难免与多神崇拜的其他宗教相互抵牾、格格不入，因此始终不被大多数罗马民众认同。尤其是基督教刻意渲染的那种阴凄苦楚的信仰氛围以及死后得救的彼岸理想，更是与罗马人奉行的及时行乐、声色犬马的纵欲主义生活态度背道而驰。因此在许多罗马人特别是上流社会人士的眼里，基督教徒就是一群行为诡异的疯子。罗马帝国对于基督教徒的大规模迫害活动，除了尼禄时代之外，还有公元 3 世纪中叶德基乌斯和瓦勒良当政的十年期间（公元 250 年—公元 260 年）。在大迫害中，许多不愿放弃基督教信仰的教会领袖和一般信徒被迫害致死或遭到流放，财产充公，家人沦为奴隶，教会组织也被强行解散。但是在瓦勒良皇帝被波斯人俘虏之后——这个作为罗马帝国之觞的事件对于基督教徒来说却是值得庆幸的公正报应——罗马帝国内忧外患日益加深，统治者应对不暇，再也顾不上去镇压基督教了，而且后来的一些皇帝（如奥勒良等）也改变了对基督教的敌视态度。这样一来，基督教会就迎来了所谓的"长期和平时期"（公元 260 年—公元 303 年），即四十多年之久的和平发展时期。越来越多对现实失望的罗马民众开始皈依教会，基督教信仰也从普通民众逐渐渗透到军队、商界、贵族甚至宫廷人士中。

　　然而到了戴克里先重振河山之后，这位热衷于罗马传统宗教的统治者——他甚至在自己的"奥古斯都"头衔前面加上了"约维乌斯"（即朱庇特）的称号——又一次发起了对基督教的迫害活动。从公元 303 年 2 月 24 日开始，戴克里先一连发布了四道敕令，其内容包括下令拆毁教堂和没收教会财产、禁止教会活动和逮捕神职人员、焚毁《圣经》和相关读物、剥夺基督教徒的法律权力和开除公职、强迫基督教徒向罗马神灵献祭，违者将遭受杀身之祸或其他惩处，等等。其间，戴克里先在尼科米底亚的皇宫还曾两度失火，他在追究起火原因时发现宫廷中存在着许多基督教徒，从而使戴克里先对基督教的镇压活动变得更加严酷。但是这一次的迫害活动并没有持续太长时间，公元 305 年戴克里先退位之后，迫害基督教的法令也逐渐失去了效力。更重要的是，此时的基督教信仰已非尼禄时代可比，它早已在越来越多的罗马民众——尤其是帝国东部的民众——心中扎下了坚实的根基。因此，到了君士坦丁称帝之后，劫后复苏的基督教信仰和教会组织又如同雨后春笋一般茁壮成长起来。

　　爱德华·吉本在《罗马帝国衰亡史》中列举了基督教在罗马成长壮大的五大原因，正是这些原因使得基督教成功地抵御了罗马帝国大迫害的狂风骤雨，最终修成正果：

　　　　1. 基督教徒的顽固的宗教狂热：这种宗教狂热使得基督的信徒们能够坚持不懈地进行反对魔鬼帝国——指罗马帝国及其

多神教信仰——的斗争；

2. 关于来世生活的学说：这种超越死亡、相信来世福音的学说或信仰使得基督教徒们在面对罗马帝国的迫害时能够视死如归，前赴后继；

3. 原始基督教会的神奇力量：初期基督教会刻意渲染一种超自然的神力，宣称自己具有降妖除魔、祛病消灾的能力，从而感召广大的信徒；

4. 首批基督教徒的严格的道德观：初期教会麇集了一批道德高尚、严谨自律的信徒，他们洁身自好的行为方式给后来的信仰者树立了榜样；

5. 教会管理机构的发展：早期基督教会是一个自由、平等且充满了友爱精神的"独立共和体"，具有高效的管理效能和公正严明的赏罚规范。

当君士坦丁开始在罗马政坛上叱咤风云时，基督教信仰已经在军队和上层社会中产生了很大的影响，甚至连君士坦丁的母亲也皈依了基督教会。至于君士坦丁皇帝之所以要结束罗马帝国长期敌视基督教的传统、承认基督教的合法性，主要还是出于政治方面的考虑。如果说戴克里先试图通过弘扬传统宗教的做法来重振罗马帝国，那么君士坦丁则希望借助基督教来为再建的罗马帝国铸造一个全新的精神砥柱。正如他后来用新首都（君士坦丁堡）来取代旧首都（罗马）、用新政治体制（绝对君主制）来取代旧政治体制（共和制和元首制）一样，他也试图用一套新的宗教信仰（基督教）来取代旧宗教信仰（罗马多神教）。然而耐人寻味的是，无论是新首都、新政治体制还是新宗教，都与东方文化有着密切的关系。

公元 313 年由君士坦丁和李锡尼乌斯两位皇帝共同签署的《米兰敕令》的基本内容包括：承认基督教信仰与其他宗教信仰一样具有合法性，基督徒的信仰自由和宗教活动不受干预，废除以前一切迫害和歧视基督教的法律规定，归还基督教的祈祷场所和教会财产。君士坦丁在发布该敕令之时只是把基督教作为罗马诸多宗教中的一种，力图体现罗马帝国在宗教信仰问题上的宽容精神。但是随着他的政治权力日益强化，罗马帝国重新实现了统一，君士坦丁也越来越把基督教视为"统治的工具"而大加推崇了。

不久以后，君士坦丁与李锡尼乌斯反目成仇。君士坦丁征伐后者的一个理由就是李锡尼乌斯重新开始迫害东方的基督教徒，这面冠冕堂皇的信仰自由旗帜使得君士坦丁赢得了广大东方基督教徒的热烈拥护。此外，在颁布了《米兰敕令》之后，君士坦丁又单独发布了一项政策，将皇帝的私有财产捐赠给基督教会，由此可见皇帝对于基督教已经是格外青睐了。到了公元 325 年，完成了帝国统一的君士坦丁又秉承"一个帝国、一个皇帝、一个教会"的基本原则，在小亚细亚的名城尼西亚主持召开了基督教世界的第一次大公会议，旨在维护基督教在教义上和组织上的统

君士坦丁皇帝与尼西亚大公会议

一。这件事情在基督教发展史上具有极其重要的里程碑意义，开启了基督教大公会议（尼西亚大公会议）之源端。最后，据说君士坦丁在临终前接受了基督教的洗礼，成为第一位皈依基督教的罗马皇帝。因此之故，君士坦丁大帝在基督教会中享有非常崇高的声望，作为基督教的解放者和第一次大公会议的召集者，他甚至被抬高到圣徒的地位，堪与耶稣的众门徒相提并论。

迁都君士坦丁堡

君士坦丁大帝做了两件大事留名青史，一是解放基督教，二是修建并迁都君士坦丁堡。君士坦丁在打败东方皇帝李锡尼乌斯、统一罗马帝国之后，于公元 330 年把首都迁到了亚欧大陆接壤处的一座名叫拜占庭（Byzantium）的希腊城市，并且以他的名字将这个城市命名为君士坦丁堡。

拜占庭是一座希腊时代的历史名城，也是一个易守难攻的天险之地，这座欧洲最东端的三角形城市一面濒临马尔马拉海，另一面依傍着得天独厚的金角湾，还有一面则与欧洲陆地相连。城市的东北方向是险要的博斯普鲁斯海峡，西南方向通过 120 英里（约 193 公里）长的马尔马拉海进入狭长的赫勒斯滂海峡（即今天的达达尼尔海峡），穿过海峡就到了荷马史诗所描述的古城特洛伊。早在公元前 7 世纪中叶，希腊麦加拉城邦的殖民者就在亚欧大陆接壤处建立了拜占庭。由于地处黑海进入地中海的咽喉部位，又隔着博斯普鲁斯海峡与亚洲大陆相守望，所以拜占庭自古以来就是重要的经济枢纽和军事要地。

公元 324 年君士坦丁战胜李锡尼乌斯后就开始在拜占庭旧城的基础上修建新首都，他对这座古老的名城情有独钟。在花了 6 年时间完成新都的修建后，公元 330 年 5 月，君士坦丁大帝举行了隆重的新都落成庆典，这座城市也因他而更名为君士坦丁堡。在修建新都的过程中，君士坦丁不仅搜罗了帝国最优秀的建筑人才，而且利用自己的统治权力从希腊和东方各地搜集了大量的艺术珍宝，包括希腊伯里克利时代和亚历山大时代的各种神像和人物雕塑、建筑部件和宗教圣物。君士坦丁堡的皇宫建筑更是精美绝伦，皇宫建造在城市最东端的临海山岩上，不仅风光秀丽，而且壁垒森严。君士坦丁堡市内建有元老院、公众广场、公共浴场、艺术长廊、地下水道，以及用于进行商贸活动的大型市场，毗邻皇宫的地方还修筑了一个堪与罗马的大竞技场相媲美的赛马场。这座长 450 米、宽 130 米的 U 形建筑可以容纳 10 万名观众，场内陈列着各种精美的雕像、石碑，例如从埃及运来的方尖碑、从希腊德尔菲运来的蛇形铜柱等。爱德华·吉本赞美道：

"一言以蔽之，一切凡能有助于显示一座伟大都城的宏伟、

君士坦丁赛马场上的德尔菲蛇形铜柱和埃及方尖碑

第 III 章　罗马帝国的衰亡

伊斯坦布尔街市中矗立的君士坦丁纪功柱

壮丽的东西，一切有助于为它的居民提供便利和娱乐的东西，在君士坦丁堡这座城市的四墙之内无不应有尽有。"

君士坦丁大帝之后的罗马皇帝们（如狄奥多西皇帝等）又不断地对君士坦丁堡进行扩建和美化，使之成为一颗镶嵌在亚欧大陆交汇处的璀璨明珠。公元 395 年罗马帝国一分为二后，君士坦丁堡就成为东罗马帝国的首都，一直到 1453 年被土耳其人攻占并改名为伊斯坦布尔（Istanbul）。时至今日，这座历史名城仍然保留着君士坦丁时代的斑斑记忆。

绝对君主制的确立

君士坦丁作为罗马历史上的一位具有划时代意义的政治家和军事家，他的政治理想就是重建一个由新首都、新政体和新宗教共同构成的新罗马帝国。从公元 312 年打败马克森提乌斯，到公元 337 年因病去世，君士坦丁作为奥古斯都统治罗马帝国长达四分之一个世纪（公元 324 年之前是西部的奥古斯都），在位时间仅次于罗马帝制的开创者屋大维。在漫长的统治期间，君士坦丁用新首都君士坦丁堡取代了旧首都罗马，用绝对君主制取代了元首制，同时也为基督教最终取代罗马多神教奠定了基础。他使得陷入严重危机的罗马帝国再度复苏（从西方文化的角度看实为回光返照），此后又在东方世界延续了千年之久。

　　然而，这个在君士坦丁堡得以延续的罗马帝国已经完全不同于以前那个以罗马为首都的罗马帝国了，它是一个东方化的罗马帝国，一个君士坦丁堡的罗马帝国，质言之，它是一个"非罗马"的罗马帝国。这是一个非常吊诡的概念！这个由戴克里先和君士坦丁所奠立的新罗马帝国后来不仅在形式上分裂为东、西两个帝国（公元 395 年），而且其蘖枝东罗马帝国又在西罗马帝国被日耳曼民族摧毁之后继续存在了一千年，一直到 1453 年才被更具有东方特色的奥斯曼帝国毁灭，君士坦丁堡也更名为伊斯坦布尔。

　　帝国首都从罗马迁移至君士坦丁堡，这件事情本身只具有一种象征性意义，而真正具有实质意义的变化是从共和制和元首制向绝对君主制的转化。君士坦丁在完成帝国统一的过程中，在内政方面也进行了一些重要的改革，主要是加强"内朝"以削弱元老院和政府官员的权力，并且通过直接控制军队和秘密警察来维系强权统治。

　　从康茂德执政开始，尤其是在"3 世纪的危机"时代，一些出身卑微却僭取了近卫军长官之职的暴发户就通过操纵皇帝、越俎代庖而掌握了罗马帝国的政治实权。后来戴克里先和君士坦丁削弱甚至解散了近卫军，却用一批内臣取代了近卫军长官的职位。在君士坦丁时代，这些内臣包括负责皇室内务的寝宫长官，负责传达圣旨和处理政务的办公室长官，负责颁发皇帝法令的司法官，负责国库管理的财政总管，负责处理皇室私产的司库大臣，以及两名负责保卫皇室安全并以钦差身份联络各地军队的骑兵队长和步兵队长。这七位大臣成为皇帝身边炙手可热的权势者，他们各自领导着一批各司其职的专业人士，负责管理皇室内部事务，并且构成了皇帝与帝国各地区、各行政部门之间的联系纽带。这个由皇帝亲信所组成的"内朝"高高地凌驾于元老院、执政官和行省总督之上，在职能上也逐渐取代了帝国的立法机构和政府内阁。与"内朝"官员相呼应，东方宫廷中弄权干政的宦官也在戴克里先时代被引入皇宫中，并在君士坦丁和其后的宫廷政治中扮演了越来越重要的角色。此外，皇帝本人也通过频繁征战而掌握了一支力量越来越强大的直属军队，他们唯皇帝马首是瞻，绝对效忠于皇帝本人，其待遇和战斗力都远远超过了分驻四方的戍边部队。更有甚者，四通八达的帝国大道上还活跃着近万名"驿站员"或"信差"，他们除了传递书信和物资之外，其实际职能越来越蜕变为秘密警察，在"内朝"官员和宦官集团的控制下，监视防范各种隐蔽的和公开的不满情绪及反叛活动。这样一来，罗马帝国就日益演变为一个人人自危的"警察国家"。

自从公元前 509 年罗马人民推翻王政、建立共和国以来，元老院就成为国家权力的主导者。在传统意义的"共和"体制中，元老院在与罗马人民（公民大会）的权力制衡中始终处于主导地位。恺撒试图改变以元老院为主导的共和国权力关系，但是以失败告终；屋大维却开创了以皇帝为主导的元首制，皇帝（元首、奥古斯都）以"第一公民"的身份，在与元老院的"共和"关系中处于主导地位。这种元首制意义上的"共和"关系从屋大维一直延续到"五贤帝"时代，虽然皇帝与元老院的关系时好时坏、时密时疏，但是从法理上说，元老院仍然是国家的重要权力机构。自从康茂德称帝之后，皇帝与元老院的关系就不断恶化，罅隙日深。塞维鲁建立王朝之后，深知刀剑里面出政权的道理，谆谆教导儿子们要善待军队将士。到了"3 世纪的危机"时代，那些兵营出身的皇帝更是把元老院搁置一旁，谁能够得到军队的拥戴，谁就能称帝坐江山。戴克里先收拾乱局，建立"四帝共治"体制，进一步加强军人的统治，并且把元老们从军队中彻底清除出去。从此以后，作为文官机构的元老院中的元老就日益沦为一群帮闲文人，所有的权力都掌握在拥兵自重的皇帝——"皇帝"（Imperator）一词的原意就是凯旋将军或军队大统帅——之手。到了君士坦丁时代，这些帮闲文人甚至成为可有可无的摆设，皇帝颁布的敕令取代了元老院制定的法律，元老院的法权地位伴随着故都罗马的政治地位一起迅速走向没落。君士坦丁迁都之后，又煞有介事地在君士坦丁堡建立了一个元老院，其与罗马的元老院一样都成为装点门面的摆设。至此，东都取代了西都，东方的君主专制取代了西方的共和制和元首制，不久以后，东方的一神教信仰也将会彻底取代西方的多神教信仰。

在罗马政治体制的转变过程中，戴克里先和君士坦丁起到了重要的枢纽作用。但是相比而言，他们两人还是有着很大差异的。戴克里先知人善任，栽培诸帝为自己分治四方，用四帝之间的共治取代了皇帝与元老院之间的"共和"；君士坦丁则大权独揽，通过武力剪灭诸帝，志在实现"一个帝国、一个皇帝"的大一统政治理想。戴克里先维护传统的多神教，迫害一神信仰的基督教，就如同人间有多位皇帝在共同管理着罗马帝国一样；君士坦丁则大力扶持一神信仰的基督教，试图用基督教来取代罗马传统的多神教（这一理想在半个世纪后被狄奥多西一世最终实现），因为统一的罗马帝国只能有一个皇帝。戴克里先虽然引入了东方的君主制，把"第一公民"变成了"主人"和"神"，但是他心中仍然保留着罗马政治的古典情怀，确立了"四帝共治"体制之后就如同苏拉一样急流勇退，其所建帝国终不免分崩离析；君士坦丁则戎马一生皆为权往，生命不息，集权不止，终至人生暮年病逝于征战波斯的途中，然而他所确立的绝对君主制却导致了罗马政治体制的根本变化，塑造了此后百年甚至千年的罗马帝国的基本面貌。

从某种意义上说，如果没有戴克里先和君士坦丁，罗马帝国很可能在经历了"3世纪的危机"之后就土崩瓦解了。因此，他们二人可以说是缓解了罗马帝国的政治危机，延续了帝国的生命。但是他们却从根本上改变了罗马帝国的性质，将其从屋大维确立的元首制改变为东方式的君主专制。就此而言，戴克里先和君士坦丁并没有真正拯救罗马帝国，而只是以饮鸩止渴的方式改变了罗马帝国的危机形态，从而使这种政治危机变得更加深入骨髓和不可救药。因此在君士坦丁死后，罗马帝国就不可阻止地走向了崩溃——帝国先是正式分裂为东、西两个国家实体，不久以后西罗马帝国就在日耳曼民族的冲击下灰飞烟灭；东罗马帝国则在苟延残喘中走上了一条与"罗马"大相径庭的不归之路，直到千年之后被土耳其人收尸入殓。

希腊文化乃至东方文化对于罗马的柔性渗透，自从希腊"战术大师"皮洛士铩羽而归之后就开始了。诚如蒙森所言，只有到了折戟弃盾之时，阿佛洛狄忒的魅力才会发挥作用。在老伽图的时代，面对着希腊文化潜移默化的浸染，这位共和国的精神脊梁不断地谆谆教诲罗马青年千万不要堕入希腊文化的温柔乡中。到了庞培时代，这位征服东方的伟大将军凯旋后，在罗马建立了第一座希腊式的剧场。再往后到了帝制时期，尼禄皇帝开始引进希腊人的竞技比赛，并且不顾九五之尊亲自到剧场中去献艺表演。哈德良皇帝大力借鉴希腊的建筑风格，公然蓄起希腊式的须发，沉迷于男色等东方风尚（提必略、尼禄等皇帝亦有此癖好）。塞维鲁王朝由于多姆娜、麦萨等女性干政的影响，更是把叙利亚等东方地区的诡诈阴损风气带到了罗马的政坛上。到了戴克里先和君士坦丁的时代，东方式的君主专制和君神一体的政治体制彻底取代了罗马的"共和"精神（无论是元老院和罗马人民之间的"共和"还是奥古斯都与元老院之间的"共和"）。被西方（罗马）用锋利的刀剑征服的东方世界（希腊、埃及和西亚），现在反过来用柔靡的文化彻底颠覆了西方的传统，诚如贺拉斯的诗中所言："被征服的希腊征服了她野蛮的征服者。"

盐野七生认为，君士坦丁是一个做出"渡过卢比孔河"式的重大决断、将古代政治与中世纪政治分隔开来的人。换言之，君士坦丁实为古典罗马帝国的真正终结者，尽管他是一个"伟大的"终结者，就如同中国的秦始皇之于周朝的体制一样。

第 III 节

古道西风，帝国夕阳

　　君士坦丁死后，罗马帝国再度陷入了分裂状态。最后一个实现了短暂统一的罗马皇帝狄奥多西一世在临终前正式把罗马帝国分为东西两块，从而形成了罗马与君士坦丁堡之间旷日持久的分野与对峙。狄奥多西一世一方面把基督教确立为罗马的国教，另一方面却下令禁绝了传承千年的奥林匹亚竞技会，这些做法意味着古希腊罗马文明的终结。与帝国的分裂相呼应，多瑙河、莱茵河彼岸的日耳曼民族也开始大举入侵和迁徙到罗马帝国的土地上，占地为王，建立了一个个各自为政的蛮族王国。曾经辉煌的罗马帝国已经沦落为任人宰割的鱼肉，卡庇托尔的骄阳陨落了，罗马文明正在走向黯淡的终场。

君士坦丁王朝的后继者

　　戴克里先隐退之后很快就在政治上处于失势状态，乃至晚年眼见妻女受人宰割却无力相助，他心中的凄苦又有谁人得知？君士坦丁则在生命的最后时刻仍然大权在握，极尽权势，然而其生前死后却经历了许多家庭伦理悲剧。所谓"最是无情帝王家"，君士坦丁家族的骨肉相残也从另一个方面印证了罗马帝国的衰亡历程。

早在"出道"之初，为了缔结政治联姻，君士坦丁就与原配离婚（二人生有一子），迎娶了前西方正帝马克西米安的女儿、马克森提乌斯的妹妹法乌斯塔为妻。此后君士坦丁为了笼络东方正帝李锡尼乌斯，又把自己的妹妹君士坦提娅嫁给了后者。在后来的权力之争中，君士坦丁先后杀死了岳父马克西米安、小舅子马克森提乌斯和妹夫李锡尼乌斯，以及后二者的儿子。公元 326 年，已经一统江山的君士坦丁又以莫须有的乱伦罪名，将自己与前妻所生之子——已经成为"恺撒"的克里斯普斯（Crispus）和皇后法乌斯塔处死。及至君士坦丁大帝去世时，他身后留下了三个儿子（均为法乌斯塔所生）、两个同父异母的兄弟和四个侄子。

公元 337 年君士坦丁死在东征波斯的途中，他的遗体被运回君士坦丁堡进行安葬（罗马皇帝以往都是实行火葬，但是由于君士坦丁皈依了基督教，所以按照基督教的习俗进行土葬）。当时，在君士坦丁的三个已经被授予"恺撒"称号的儿子中，长子君士坦丁二世（Constantine II）和幼子君士坦斯（Constans）分别远在莱茵河防线和多瑙河防线，无法赶回君士坦丁堡来参加葬礼，只有近在安条克的次子君士坦提乌斯回到首都主持了葬礼。就在这次葬礼上，君士坦丁大帝的两个同父异母的兄弟以及两个较为年长的侄子都神秘地被人杀害，另外两个年幼的侄子加卢斯（12 岁）和尤利安（6 岁）则幸免于难。阴谋的幕后主使者很可能就是君士坦提乌斯（为了避免太多的继承者来分享权力），然而此事却并未被深加追查，最后不了了之。葬礼结束后，君士坦丁的三个亲儿子来到潘诺尼亚进行了会晤，现在他们都从"恺撒"升格为"奥古斯都"，并把罗马帝国一分为三：长子君士坦丁二世统治帝国西部的高卢、西班牙和不列颠；次子君士坦提乌斯统治帝国东部的色雷斯、小亚细亚、叙利亚和埃及；幼子君士坦斯则统治中部的意大利、潘诺尼亚、马其顿、希腊和北非等地。形同虚设的元老院追认了这个既成事实，君士坦丁大帝呕心沥血完成的一统江山又陷入了三分天下的破裂之中。

曾几何时，手足三人就上演了兄弟阋墙的悲剧。首先是老大与老三为了争夺北非的管辖权而在意大利北部的阿奎莱亚发生了军事冲突，长兄君士坦丁二世战败并被杀，他所统辖的帝国西部地区尽数落入三弟君士坦斯手中，帝国再次出现了以亚得里亚海为界的格局。控制东方的二哥与统治西方的三弟井水不犯河水地和平相处了十年之久，君士坦提乌斯踞守在君士坦丁堡，全力应对咄咄逼人的波斯人；君士坦斯则守卫着从莱茵河到多瑙河的漫长防线，不断抵御日耳曼人的入侵浪潮。但是兄弟两人在内政管理方面，都出现了宦官当道的情形，而且三弟君士坦斯的军队中已经融入了大量的蛮族将士——由于与罗马军团长期隔河相对，一些日耳曼蛮族纷纷以个人或部落为单位而渗透到罗马军队中，成为替罗马帝国戍边的蛮族军人。公元 350 年，当君士坦斯率领军队前往高卢的巴黎时，麾下的日耳曼族军官马格伦提乌斯（Magnentius）发动了叛乱，仓皇出逃的君士坦斯被骑兵追上并杀害。远在东方的君士坦提乌斯得知消息后，匆忙与波斯国王达成停战协议，并指定自己的堂弟加卢斯为"恺撒"，由其坐镇安条克防范波斯人，自己则亲率大军奔赴西方为三弟报仇。经过一番迂回作战，君士坦提乌斯相继夺取了北非和西班牙，兵锋直指马格伦提乌斯的老巢高卢。大势已去的叛将马格伦提乌斯在里昂自刎而亡，君士坦提乌斯在公元 353 年重新统一了罗马帝国。

然而一波刚平，一波又起，坐镇安条克的"恺撒"加卢斯虽然是君士坦提乌斯的堂弟，但是他的父亲和伯父应该都是在十多年前君士坦丁大帝的葬礼上被君士坦提乌斯害死的。现在他在东方独当一面，复仇之心日益炽烈，开始对君士坦提乌斯安插在自己身边的官员进行清除。于是，城府极深的君士坦提乌斯在表面上对加卢斯虚与委蛇，暗地里则安排计谋将加卢斯诈骗至米兰，用极刑处死。

加卢斯死后，他的弟弟尤利安被君士坦提乌斯指定为新的"恺撒"。这位从小对希腊哲学充满兴趣的文弱书生被君士坦提乌斯皇帝委派去镇守莱茵河防线，面对强大的法兰克人、阿勒曼尼人等日耳曼部族。满脑子柏拉图主义的尤利安成功地胜任了这项艰难的工作，他以羸弱之躯率领罗马军团冲锋陷阵，取得了斯特拉斯堡大捷等一系列军事胜利，很快就赢得了将士们的衷心爱戴，并把高卢治理得井井有条。君士坦提乌斯皇帝在宫廷宦官的挑拨下，对副帝尤利安多方刁难，迫使尤利安麾下士兵将其推举为帝。公元 361 年春季，君士坦提乌斯率军从安条克返回西方讨伐叛逆，尤利安被迫整军备战。就在双方的战争一触即发之际，56 岁的君士坦提乌斯因病身亡（临终前也像其父君士坦丁大帝一样受洗成为基督教徒）。公元 361 年底，尤利安兵不血刃地登上了皇帝的宝座。

尤利安是一位颇有争议的罗马皇帝，主要是因为他一改君士坦丁父子对待基督教的友善态度，在《米兰敕令》颁布半个世纪之后再一次对基督教进行压制。这位热爱希腊哲学和文化的皇帝，虽然并没有像尼禄、德基乌斯、瓦勒良等人那样迫害基督教徒，却取消了前两位皇帝给予基督教的许多优惠政策（如国家捐资教会、免除神职人员的赋税等），并且下令重建此前遭到基督教徒破坏的罗马多神教神殿。虽然他的这些举措都是旨在恢复基督教与罗马传统宗教之间的平等关系，抑制基督教一家独大的发展趋势，但是已经从君士坦丁父子的亲基督教政策中尝到甜头的基督教徒们却对尤利安的倒退措施表现出极大的不满。因此在尤利安死后，随着后来的罗马统治者进一步转向大力扶持基督教甚至最终把基督教确立为罗马国教，尤利安在后世基督教世界中就被赋予了"叛教者尤利安"的恶名。正如他改变了前任皇帝对待基督教的亲善态度一样，他也对势头日盛的宦官集团进行了清除，大大精简了宫廷的机构和人员。但是在他死后，这种源于东方宫廷的宦官政治也如同根植于东方文化土壤的基督教一样，又在罗马帝国迅猛地发展起来。

公元 363 年，这位深受希腊哲学思想影响的罗马皇帝又一次受到"亚历山大综合征"的激励，发起了征服波斯的战争。他的军队一路势如破竹，已经越过了底格里斯河，兵临波斯王国首都泰西封。但是在一场遭遇战中，身先士卒的尤利安不幸被一支突如其来的标枪刺中腹部，不治身亡，时年 31 岁，统治罗马帝国还不到两年时间。

在弥留之际，这位年轻的奥古斯都像希腊哲学家苏格拉底和罗马哲学家皇帝马可·奥勒留一样，发表了一通"生为苦恼，死乃解脱"的人生感悟。他的遗体火化后——因其不是基督教徒——被运送到小亚细亚的塔尔苏斯安葬，一路上受到了基督教徒和"异教徒"（即罗马传统宗教信仰者）的迥然相异毁誉不一的相待，"异教徒早已把他们的这位可爱的英雄归入由于他的力量才得以享受人间香火的众神之列，而基督教徒们的咒骂声则直将这位背教者的灵魂追入地狱"（爱德华·吉本）。

尤利安是君士坦丁家族中的最后一位男性后裔，且身后无嗣（此前死去的君士坦丁二世、君士坦斯、君士坦提乌斯和加卢斯也均无子嗣），君士坦丁王朝（公元 307 年—公元 363 年）至此终结。

瓦伦提尼安王朝

尤利安死后，军队推出了一位平庸无为的基督教徒约维安（Jovian）为帝，这位黑马式的皇帝仅仅在位 7 个月就神秘地死去了。在其短暂的执政期间，约维安与波斯国王签订了和约，并且废除了尤利安压制基督教的所有法令，重新开始推行优待基督教的政策。

公元 364 年初，在约维安死后帝位空缺的情况下，一位名叫瓦伦提尼安（Valentinianus）的日耳曼籍武将被推举为罗马皇帝。在此之前，罗马帝国已经有过出身于西班牙、高卢、北非、叙利亚、潘诺尼亚等地的皇帝，但是日耳曼人成为罗马皇帝还是破天荒的事。毕竟西班牙等地区早已成为罗马帝国的行省，当地人民已经日益罗马化了，而日耳曼人却长期构成了罗马帝国的强劲对手，仍然属于不会说希腊语甚至拉丁语的"蛮族"。由此也可以看出罗马帝国人才缺匮的窘迫情形，在公元 4 世纪中后叶，罗马帝国已经不只是处于"蜀中无大将，廖化作先锋"的尴尬境地，甚至到了"罗马无领袖，蛮族坐江山"的荒唐地步。

瓦伦提尼安身上虽然流着日耳曼人的血液，但他却是在潘诺尼亚出生长大，他父亲是作为日耳曼族雇佣兵而加入罗马军队的，他本人也长期在罗马军中服役，以骁勇善战而著称，曾经出任过北非、不列颠等地的军队司令官。被拥立为帝之后，缺乏文化教养的瓦伦提尼安深知自己无力独立承担起领导帝国的重任，就提名弟弟瓦伦斯（Valens）作为共治皇帝，由其分管帝国的东部地区，他本人则全力应对莱茵河和多瑙河彼岸的那些与自己同属于日耳曼血统的各蛮族部落。

瓦伦提尼安一生戎马倥偬，深深了解日耳曼人的文化习性和作战方式，并且不拘一格地提拔了许多与他一样勇猛剽悍的日耳曼人成为罗马军队将领，因此他在统治罗马帝国的 10 年期间，有效地遏制了莱茵河和多瑙河沿岸的各支日耳曼蛮族的侵扰。公元 375 年 11 月，瓦伦提尼安在与蛮族代表会谈时因突发脑出血而猝死，他的年仅 16 岁的儿子格拉提安（Gratianus）非常顺利地继位成为帝国西方皇帝，帝国东部仍然在瓦伦斯的治理之下。叔侄两位皇帝精诚合作，相互扶助，东方的波斯王国正处于权力继承前的内耗之中，而北方的日耳曼各部落也在遭受瓦伦提尼安的连续打击之下暂时处于偃旗息鼓状态，整个罗马帝国似乎又进入了一个和平稳定的中兴时代。然而，就在这一个风平浪静的短暂间歇期，亚欧大草原上正在酝酿着即将彻底摧毁罗马帝国的可怕风暴，这一次风暴的搅动者是连日耳曼蛮族都闻风丧胆的匈奴人。

公元前 2 世纪中叶以后，从中国西汉的汉武帝一直到东汉的汉和帝期间，中国军队不断地打击北方草原上的匈奴民族，迫使匈奴人中的北支（北匈奴）掉头向西逃窜，从而推动了整个亚欧大草原上民族大迁徙的"多米诺骨牌运动"。一些生活在北方草原上的游牧民族，如月氏人、阿兰人、阿瓦尔人、马扎尔人等，纷纷在如同滚雪球一般日益强大的匈奴集团的挤压下向南迁徙。而这股来势汹汹的民族大迁徙浪潮的最后一波，就是原本生活在多瑙河地区的哥特各部落。哥特人虽然属于剽悍的日耳曼民族，但是对于从天而降、茹毛饮血的匈奴人，同样也是谈虎色变。他们把匈奴人描述为"一群长成人样的动物，是从前住在森林中的恶魔与被赶出哥特人的魔女媾和而生"。在匈奴人的威逼之下，哥特人开始了向多瑙河以南地区的大迁徙。

公元 376 年，居住在多瑙河北岸的西哥特人派遣使者向罗马东部皇帝瓦伦斯提出请求——允许他们迁移到多瑙河南岸定居。作为条件，他们愿意为罗马帝国提供兵力，并在罗马帝国境内和平地从事农耕生息。正苦于兵源枯竭的瓦伦斯皇帝很快就接受了西哥特人的请求，于是数十万哥特人就整体渡过了多瑙河，来到罗马帝国的色雷斯等地区定居。然而，这些携带武器且野性未泯的哥特难民很快就忍受不了迁徙地的恶劣环境和罗马官员的腐败统治，于是他们故伎重演，又开始对罗马居民进行烧杀劫掠。以前的日耳曼人只是蛰伏在多瑙河北岸伺机而动，抢劫之后又逃回到北岸的原始森林中；而现在的西哥特人则是整个部落都居住在罗马帝国境内，大张旗鼓地对罗马居民进行攻击劫掠。在此情况下，瓦伦斯皇帝不得不组织帝国军队对西哥特人进行讨伐，但是在公元 378 年 8 月的哈德良堡（今土耳其的埃迪尔内）战役中，罗马军队遭到挫败，瓦伦斯皇帝本人也死于战火。西哥特人继续扩大劫掠的范围，东哥特人也步其后尘进入罗马帝国的潘诺尼亚地区定居。

面对着瓦伦斯皇帝战败身亡、帝国东部群龙无首的紧迫情况，西部皇帝格拉提安不得不邀请富有军事经验却赋闲在家且与自己有杀父之仇的狄奥多西出来收拾乱局。公元 379 年，年仅 19 岁的格拉提安任命狄奥多西为帝国东部皇帝，其享有与自己同等的权力地位，他希望依靠这位深具潜力的武将来拯救帝国于狂澜之中。

4 年以后，格拉提安在巴黎被不列颠军团司令官马克西姆斯杀害，帝国的东西部实际上都落入狄奥多西的手中。虽然格拉提安的同父异母弟弟瓦伦提尼安二世（Valentinianus II）在名义上仍然是帝国西部皇帝，但是这个尚未成年的孩子不过是一个政治傀儡罢了。到了公元 392 年，连这个政治傀儡也被手下的家臣杀害，狄奥多西就名正言顺地成为罗马帝国唯一的皇帝了。

狄奥多西"大帝"与基督教的国教化

狄奥多西（Theodosius，公元 346 年—公元 395 年）是罗马帝国最后一个被称为"大帝"的皇帝，这个称呼来自后世的基督教徒，能拥有这个称呼倒不是由于狄奥多西的文治武功，而是因为这位皇帝把基督教确立为罗马帝国的国教，从而使基督教终于迎来了扬眉吐气、唯我独尊的大好时光。

狄奥多西出生于西班牙，他的父亲曾是瓦伦提尼安皇帝麾下的得力大将，屡建战功；狄奥多西从青年时代起就跟随父亲南征北战，积累了丰富的军事经验。格拉提安继位之后，狄奥多西的父亲遭到政敌诬陷，被不明就里的格拉提安处以死刑，狄奥多西也退回到西班牙的家乡隐居。帝国东部皇帝瓦伦斯被西哥特人杀死之后，格拉提安想起了这位隐居乡间的死因之子，为了收拾残局、重振帝国，格拉提安皇帝不惜降尊纡贵，派人到西班牙把狄奥多西带回罗马。这位年轻的皇帝当面与狄奥多西化解前嫌，将共治皇帝的头衔赋予了 33 岁的狄奥多西，让他接替已故的瓦伦斯去统治罗马帝国的东部地区。

狄奥多西接任东部皇帝之后，招兵买马、整饬军纪，多次打败了侵犯骚扰的哥特人。但是他并没有把哥特人赶回多瑙河北岸，而是允许他们继续居住在南岸的潘诺尼亚和色雷斯地区，从事农业耕作，部落中的青壮男子可以加入罗马军队。这样一来，罗马军队中的日耳曼蛮族成分就变得越来越突出了，蛮族雇佣兵逐渐成为罗马军团的主力。

　　在共和国的大部分时期，罗马军团的将士清一色由罗马公民所组成。根据不同财产资格而划分的公民百人团，在军团作战中扮演不同的角色，其中财产等级越高的百人团成员，如贵族、骑士等富裕阶层，通常构成骑兵、重甲兵等军队主力。到了马略的军事改革以后，失去土地的罗马无产者逐渐成为军队的主要成分，根据财产资格来划分兵种的等级制度也被取消，军队效忠的对象日益由共和国变成了发军饷的军事统帅。进入帝国时期，军队的成分就变得更加杂乱了，一些没有公民身份的外省人，甚至外国人也为了谋生而参加军队。及至卡拉卡拉把公民身份赋予罗马帝国境内的所有自由人之后，任何人甚至奴隶都可以参军了。到了公元 4 世纪，罗马公民越来越不愿意服兵役了，而作为罗马帝国主要敌人的日耳曼蛮族则开始以个人身份或者以部落为单位加入罗马军队中，从而使得抵御蛮族入侵的罗马军团中竟然充斥了大量被拉丁语蔑称为"Barbarus"的蛮族人。用这样的军队来保家卫国，罗马帝国焉有不亡之理？

　　与恺撒、屋大维、图拉真甚至君士坦丁等"大帝"相比，狄奥多西虽然在开疆拓土方面乏善可陈，但是他却在十多年的执政期间一直驰骋于罗马帝国的广阔疆域，抵御着一支支入侵的外敌。狄奥多西之所以能在罗马历史上留名，主要是缘于两件事，其一是把基督教确立为罗马帝国的国教，其二是在临终之前把罗马帝国一分为二。

与君士坦丁、君士坦提乌斯等亲基督教的皇帝不同，狄奥多西并非在临终之际才皈依基督教会，他在登基第二年因患重病而接受了基督教的洗礼，并神奇地恢复了健康。从此以后，他就对基督教的上帝坚信不疑，并且深受米兰主教安布罗斯（Ambrose）的宗教思想的影响。这位在基督教会史上享有盛名——安布罗斯与修道运动的著名代表杰罗姆以及基督教神学巨擘奥古斯丁并称为早期教会的三大圣徒——并被教会封圣的米兰主教，不仅构成了罗马帝国东西方两位皇帝狄奥多西和格拉提安之间的重要联络渠道，而且也是他们的精神导师，两位皇帝对安布罗斯的意见和建议几乎是言听计从，将其视为基督委派的"牧羊人"。在安布罗斯的影响下，狄奥多西从公元 380 年开始，持续不断地颁布了一系列法令，对罗马传统宗教进行了严酷打击和全面取缔，把基督教推上了国家宗教的至高地位。

基督教徒把罗马帝国的一切多神教信仰通通称为"异教"，自其产生之初就表现出一种与"异教"不共戴天的敌对态度。《米兰敕令》颁布之后，获得合法地位的基督教会并不满足于与"异教"平起平坐的处境，得陇望蜀地诱使君士坦丁父子采取更加优待基督教的政策。特别是在"叛教者尤利安"死后，继任的皇帝们都是基督教徒，罗马帝国的宗教政策也一改宽容平等的基本宗旨，越来越倾向于打压"异教"。

按照罗马帝国的惯例，从恺撒和屋大维开始，罗马皇帝都身兼终身制的大祭司长之职，作为罗马传统宗教的最高领袖。这个惯例一直延续到君士坦丁父子，他们都是到临终时才皈依基督教，在此之前一直保持着罗马大祭司长之职。但是到了格拉提安称帝时，这位同样深受安布罗斯主教影响的年轻皇帝明确地拒绝出任大祭司长，并且废除了自罗马建国以来一直存在的维斯塔神庙的女祭司制度。与他如出一辙的狄奥多西更是下令撤除了安置在元老院议事厅门前的胜利女神像，这尊手握长枪的女神塑像是罗马人勇往直前、战无不胜的经典象征，早在共和时代就一直矗立在元老院门前。但是到了狄奥多西时代，这尊象征着胜利与光荣的雕像终于被搬走了，保守的元老们只能暗地里哀叹帝国之觞，罗马人所向披靡的胜利时代已经一去不复返了。

狄奥多西皇帝不仅下令拆除了供奉朱庇特、密涅瓦等传统神灵的神庙，砸毁了大量的神像（同时也极大地摧残了美轮美奂的古典艺术），而且还率领军队来到罗马元老院，迫令元老们在朱庇特和基督之间做出选择。在刀剑的环伺之下，元老们以压倒性的多数票选择了基督，只有一位不愿屈服的资深元老以自杀的方式表示了抗议。元老院的表决结果在法理上意味着

罗马市政厅前的胜利女神像（复制品）

基督从此取代了朱庇特而成为罗马帝国的保护者，罗马从一个诸神平等的宗教宽容国度变成了一个只许信仰基督耶稣的一神教国家。狄奥多西还下令关闭了珍藏着大量希腊、罗马"异教"书籍的图书馆，全面禁止举办崇拜宙斯等神灵的奥林匹亚竞技会，这项从公元前 776 年在希腊开启、持续了一千一百多年未曾中断的古代文化盛会，终于在公元 393 年被罗马皇帝勒令废止。狄奥多西也曾三令五申地禁止普通民众在家中祭拜家族祖先和守护神，违者将受到严厉的惩罚，甚至危及生命。由于狄奥多西的一系列法令，已经风雨飘零的"异教"彻底沦落为"邪教"，遭到全面禁绝；而曾经被罗马帝国当作"邪教"迫害了数百年之久的基督教却扬眉吐气、修成正果，最终成为唯我独尊的罗马国教。

> "在那个巨大的机体或外遭强敌入侵，或内部缓慢腐败的情况下，一种纯洁、低级的宗教却于不知不觉中深入人心，在沉静和隐蔽中逐渐成长，因遭到反对而精力倍增，终于在朱庇特神庙的废墟上竖起了胜利的十字架的旗帜。"（爱德华·吉本：《罗马帝国衰亡史》）

除了把基督教推上罗马国教的高位，狄奥多西还现身说法地演示了皇帝与上帝之间的权属关系，从而为中世纪基督教文明的"君权神授"理论提供了活生生的历史根据。在一次镇压希腊北部城市帖撒罗尼迦民众暴乱的活动中，狄奥多西皇帝由于滥杀无辜而遭到了安布罗斯主教的谴责，主教禁止皇帝进入米兰大教堂，并要求皇帝在公开场合为此事进行忏悔。刚愎自用的狄奥多西与安布罗斯陷入了长达八个月的僵持状态，最终还是在以上帝为后盾的安布罗斯面前表示了屈服。至尊的皇帝摘除了身上所有象征权力的饰物（皇冠、宝剑、权杖等），当众跪倒在身穿豪华主教盛装的安布罗斯面前，以谦卑的口吻表达了忏悔之意，请求后者（代表上帝）的宽恕。这件真实的事情与后来被罗马教会杜撰出来的所谓"君士坦丁赐礼"——据说在写给罗马主教西尔维斯特的一封信中，君士坦丁大帝把罗马城和意大利以及帝国西部所有行省和城市的世俗统治权全部授予了西尔维斯特主教及其继承者（指历代罗马教皇）—— 一起，共同构成了中世纪教权高于王权或"君权神授"理论的重要依据。公元 1077 年，当神圣罗马帝国皇帝亨利四世被罗马教皇格利高里七世革除了教籍，不得不素衣赤脚在意大利卡诺莎城堡门前的雪地里站立了三天三夜，请求教皇的宽恕时，他效法的先例就是数百年前跪倒在安布罗斯主教膝下的狄奥多西皇帝。

因此之故，在狄奥多西去世之后，他被基督教会赋予了"大帝"的称号，与另一位"大帝"君士坦丁一样受到后世基督教徒们的景仰。在后来制作的狄奥多西皇帝和君士坦丁皇帝的画像、雕像中，其头顶上出现了如同基督教圣徒彼得、保罗等人所拥有的光环。

安布罗斯主教阻止狄奥多西皇帝进入米兰大教堂

罗马帝国的分裂与蛮族大入侵

公元 395 年 1 月，48 岁的狄奥多西因病辞世，临终之前，他把帝国一分为二，分别交给了他的两个儿子——以君士坦丁堡为首都的东罗马帝国由 18 岁的长子阿卡狄乌斯统治，以米兰为首都的西罗马帝国则由年仅 10 岁的幼子霍诺里乌斯继承。同时，狄奥多西皇帝还任命了深受信任的汪达尔人（日耳曼民族之一）斯提利科（Stilico）为军队统帅和帝国摄政——主要辅佐尚未成年的西罗马帝国皇帝霍诺里乌斯。

这一次的分裂不同于前，以往罗马帝国曾多次分为东、西两个部分，由两位皇帝（甚至四位皇帝）来共同治理，但是它仍然属于同一个帝国，而且东、西两位皇帝中有一位具有更高的权威性，另一位不过是他的异地代理人（共治皇帝）罢了。但是在狄奥多西死后，罗马帝国却从法理上正式分裂为两个彼此独立的帝国，即东罗马帝国和西罗马帝国。这两个帝国各有自己的首都和元老院，有各自为政的政府机构和军队编制，甚至使用不同的官方语言——西罗马帝国使用拉丁语，东罗马帝国使用希腊语。两个帝国以当年屋大维和安东尼相对峙的亚得里亚海为界，从公元 395 年以后就分道扬镳，此后再也没有合并过，由此翻开了东欧文明与西欧文明各自发展的历史篇章。如果说以前的帝国二分只是一种行政上的分治，那么这一次就是一种政治上的决裂，而且很快就导致了文化上的彻底分野。从此以后，东罗马帝国在政治体制上全面走上了东方君主专制的道路，西罗马帝国则在北方蛮族的冲击下很快就灰飞烟灭，进入分崩离析且旷日持久的封建状态。甚至连已经成为罗马国教的基督教，也形成了以罗马教会为首的西派教会和以君士坦丁堡教会为首的东派教会之间的对垒，二者渐行渐远，最终分裂为彼此对立的罗马公教会（Roman Catholic Church，即罗马天主教）和希腊正教会（Greek Orthodox Church）。

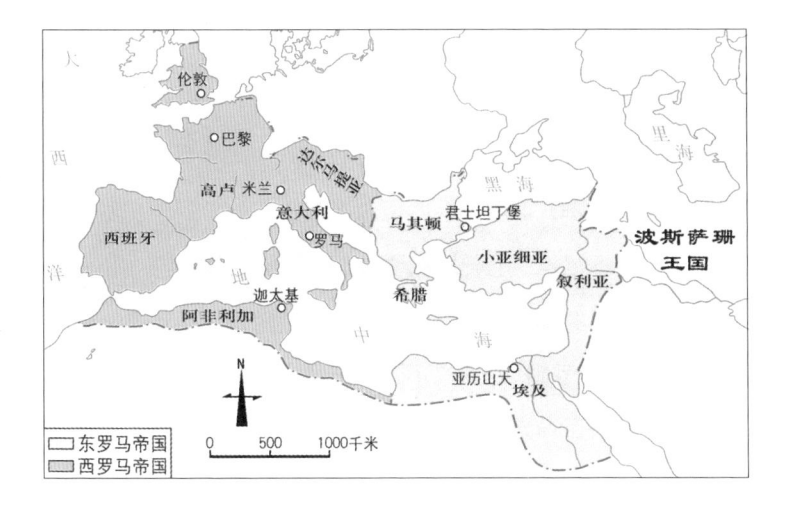

东、西罗马帝国的划分

　　就在狄奥多西去世的同年，西哥特人首领阿拉里克（Alaricus）开始率军侵入巴尔干地区，从此以后就不断地侵扰希腊、意大利等地。汪达尔人出身的西罗马帝国军队统帅斯提利科与阿拉里克进行了多次战争，均以胜利告终，这位同样来自日耳曼民族的罗马将军因抵御西哥特人等蛮族入侵、捍卫罗马疆域有功，被后人誉为"最后的罗马人"。然而在公元 408 年，功高盖主的斯提利科被宦官操纵的西罗马帝国皇帝霍诺里乌斯以叛逆罪名处死（尽管霍诺里乌斯先后娶了斯提利科的两位女儿）。西罗马帝国从此失去了国家栋梁，奸佞当道，阿拉里克趁机开始围攻罗马城。在先后两次围城获得罗马元老院的赎金之后，阿拉里克的军队终于在公元 410 年 8 月 24 日攻入罗马城，对这座千年古都进行了长达五天的大肆洗劫。数十万西哥特士兵把罗马的财富劫掠一空，于第六天早晨在阿拉里克的率领下离城而去，罗马城如同遭受蹂躏的弃妇一般在凄风苦雨中瑟瑟发抖。

罗马这座屹立在帝国心脏地区的千年古都，自从公元前 390 年曾一度被高卢人短暂占领之后，在整整八百年的时间里，从来没有遭受过外敌的侵扰。这座曾经令四方强敌闻风丧胆的不败之城，现在终于沦为蛮族肆虐的俎上鱼肉。当时正在巴勒斯坦地区进行隐修和翻译《圣经》的著名教父圣杰罗姆（St. Jerome）闻讯后写道："这座称霸世界、把全世界置于自己统治之下的城市，如今却屈膝在蛮族面前。啊，上帝啊！无信仰的暴徒把手伸向了您的遗产，冒渎了您建设的神殿！"罗马城的陷落以及对此事背后的深层原因的诠释，促使基督教另一位著名圣徒奥古斯丁撰写了鸿篇巨著《上帝之城》。

劫掠罗马之后的西哥特人一路向西，在高卢南部的图卢兹地区短暂居住；不久后又在另一支日耳曼民族法兰克人的挤压下向南迁徙，越过比利牛斯山脉进入伊比利亚半岛，在西班牙建立了西哥特王国。

继西哥特人之后，东哥特人、汪达尔人、法兰克人、阿勒曼尼人、勃艮第人、伦巴第人等日耳曼部族也纷至沓来，相继越过多瑙河和莱茵河侵占罗马帝国的各地区；盎格鲁人和撒克逊人则渡过英吉利海峡进入不列颠。更有甚者，连匈奴人也开始剑指罗马。被称为"上帝之鞭"的匈奴王阿提拉（Attila）先是率部威逼君士坦丁堡，迫使东罗马帝国与之缔结了"同盟"协议（447年）；然后又掉头向西，于451年攻入意大利，并于翌年与罗马主教利奥一世在罗马城郊进行了一次神秘谈话后，在上帝的感召下退兵而去（实际情况可能是由于阿提拉军中暴发了大瘟疫而不得不退兵）。在诸多蛮族部落的轮番攻击下，罗马帝国已经沦为一块任人宰割的禁脔。

公元 5 世纪的蛮族大入侵不同于此前几个世纪的蛮族骚扰，它已经由抢了就走的劫掠活动变成了占地为王的迁徙征服。毫无抵抗能力的罗马帝国只能通过与一支蛮族结盟的方式来抵抗另一支蛮族的入侵，事实上现在已经不再是罗马人与蛮族之间的战斗了，而是各个蛮族部落在罗马帝国的土地上争强斗狠。东罗马帝国由于其版图大部分位于亚洲和非洲（只有色雷斯、马其顿和希腊在欧洲），远离莱茵河、多瑙河的是非之地，尚可偏安一隅，苟且自保；西罗马帝国则成为虎狼争食的热土，历尽磨难，最终

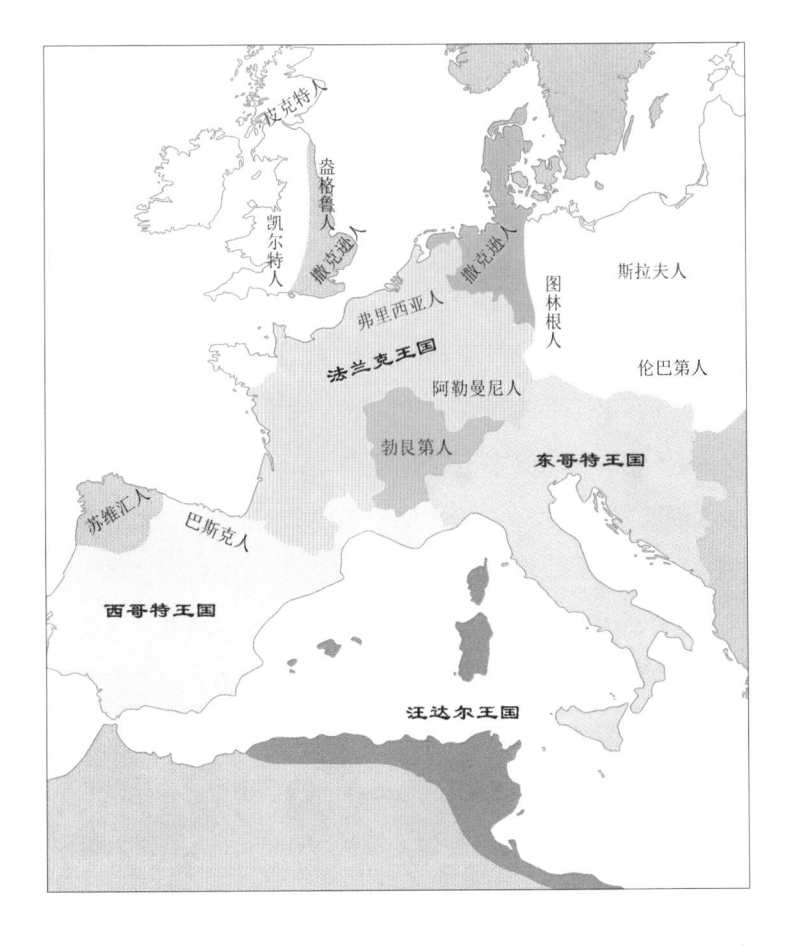

日耳曼各部族对西罗马帝国的瓜分

被一支支蛮族部族大卸八块——西哥特人在西班牙确立了统治，东哥特人占领了意大利（后来又被伦巴第人取代），汪达尔人取道高卢、西班牙并跨越直布罗陀海峡控制了北非，法兰克人、阿勒曼尼人和勃艮第人瓜分了高卢，盎格鲁人和撒克逊人则在不列颠建立了政权，统一的西罗马帝国最终被肢解成为一个个各自为政的蛮族王国。

狄奥多西"大帝"的继承者们，就在这种乱象丛生的环境中艰难地维系着风雨飘摇的罗马帝国。东罗马帝国皇帝阿卡狄乌斯执政 13 年（公元 395 年—公元 408 年）后去世，他的儿子狄奥多西二世在强势母亲尤多克西娅摄政的情况下成为傀儡皇帝。此后东罗马帝国就与西方世界渐行渐远，并长期深陷于太后弄权和宦官当道的东方传统中（除了查士丁尼大帝等个别皇帝之外），后来又在迅猛崛起的阿拉伯帝国和突厥帝国的威逼下逐渐萎缩。西罗马帝国的霍诺里乌斯统治了 28 年（公元 395—公元 423 年）之久，去世后其外甥瓦伦提尼安三世继位，在汪达尔人洗劫罗马城之前遇刺身亡（公元 455 年）。此后西罗马帝国就完全陷入混乱之中，皇帝频繁变换，几乎都难逃杀身之祸。公元 475 年，权臣奥列斯特将自己 15 岁的儿子罗慕路斯·奥古斯都（Romulus Augustus）推上了帝位。一年以后，奥列斯特被蛮族雇佣兵首领奥多亚克（Odoacer）杀死，西罗马帝国的最后一位皇帝——叫了一个无比荣耀的名字的小罗慕路斯·奥古斯都也遭到废黜。此后的 300 多年间，西方世界再也没有皇帝了，任凭各个蛮族王国占地为王，一直到公元 800 年查理大帝才再度称帝。因此，公元 476 年在西方历史上通常被看作罗马帝国灭亡、古代历史结束的标志。辉煌的罗马帝国灰飞烟灭，西方文明从此堕入了蛮荒的"黑暗时代"和闭塞的封建社会。

西罗马帝国灭亡后又过了 1 000 年的时间，在君士坦丁堡苟延残喘的东罗马帝国才被信仰伊斯兰教的土耳其人送进了历史的墓冢（1453 年）。

公元 455 年 6 月 15 日，已经在北非迦太基建立了王国的汪达尔人，在其首领根西里克（Genseric）的率领下，通过西西里岛和撒丁岛再次攻占了罗马。以"文化破坏者"而著称的汪达尔人对已经遭到西哥特人洗劫的罗马城进行了更加暴虐的摧残，他们对罗马城进行了长达 14 天的烧杀掳掠，临走时还一把火将宏伟壮丽的罗马城烧成一片废墟，然后满载而归地返回迦太基。汪达尔人对罗马城的焚毁，以一种终极形式实现了狄多女王和汉尼拔的诅咒——从曾经遭到罗马人无情焚烧的迦太基城，来了一群野蛮的毁灭者，他们以更加酷烈的方式将历史的报应降落到奄奄一息的罗马帝国头上。

今天人们来到繁华的罗马市区可以看到，高耸的卡庇托尔山与宏伟的罗马竞技场之间，曾是罗马帝国的政治中心——气势恢宏的罗马广场，如今却只剩下一大片满目疮痍的历史废墟，这就是当年汪达尔人烧杀掳掠所留下的遗迹。站在这片历尽沧桑的断壁残垣中，遥想当年罗马帝国气势如虹的胜景，耳边又回响起了小西庇阿在焚烧迦太基时深沉吟咏的荷马诗句：

"神圣的特洛伊必有毁灭的一天，

普里阿摩斯和他那持戟挥矛的人民也必有屠戮的一天。"

第 III 章 罗马帝国的衰亡